Lernbiene®

Jana Steinmaier

Das Glück in mir und meinem Umfeld

Glück erkennen, erleben & behalten –
mit Grundschulkindern zu mehr Achtsamkeit
und Selbstwirksamkeit

UNTERRICHTSMATERIAL

ETHIK

Die Umwelt liegt uns am Herzen! Konkret bedeutet das: Wir verwenden ausschließlich recyceltes Papier und vermeiden Plastik, wo es möglich ist. Dieses Produkt wurde aus diesem Grund nicht eingeschweißt. Auch haben wir bei der Herstellung des Umschlags auf eine Cellophan-Schicht verzichtet. Alle in diesem Produkt verwendeten Papiere bestehen zu mindestens 50 % aus Recyclingfasern. Das Inhaltspapier dieses Buches ist gemäß DE-UZ 14a Blauer-Engel-zertifiziert.

Wir haben uns für die Schreibweise mit dem Sternchen entschieden, damit sich Frauen, Männer und alle Menschen, die sich anders bezeichnen, gleichermaßen angesprochen fühlen. Aus Gründen der besseren Lesbarkeit für die Schüler*innen verwenden wir in den Kopiervorlagen das generische Maskulinum. Bitte beachten Sie jedoch, dass wir in Fremdtexten anderer Rechtegeber*innen die Schreibweise der Originaltexte belassen mussten.

1. Auflage 2024

Autor*innen Jana Steinmaier
Redaktion Annika Koch
Coverfoto Mädchen fängt Seifenblasen © AdobeStock_119192988, Urheber*in: ulkas
Illustrationen Corina Beurenmeister
Satz Fotosatz H. Buck, Kumhausen
Druck und Bindung Druckerei Joh. Walch GmbH & Co KG, Augsburg

ISBN 978-3-7468-**1194**-9
www.lernbiene.de

Inhalt

Der Band enthält **digitales Zusatzmaterial** zum **Download**. Die Benutzerhinweise zum Download des Zusatzmaterials und den entsprechenden **Zusatzcode** finden Sie am Ende des Buches.

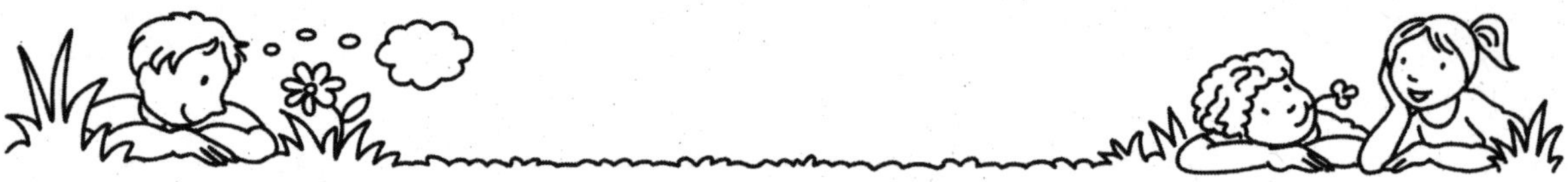

Das Glück in mir und meinem Umfeld

von Jana Steinmaier
mit Illustrationen von Corina Beurenmeister

Das Thema „Glück" zieht die meisten Menschen magisch an. Allerdings ist das Glück häufig ebenso wenig ein dauerhafter Zustand wie ein schicksalhaftes Unterfangen, das sich ohne unser Zutun plötzlich über uns ergießt. Die gute Nachricht ist, dass jede und jeder zum eigenen Glück sehr viel beitragen kann.
Das Bewusstsein für diese Eigenwirksamkeit kann schon in der Grundschule angebahnt werden. Hier haben wir als Lehrkräfte die Möglichkeit, mit den Kindern darüber zu reflektieren, wie sie sich selbst sehen, denn der persönliche Blick auf die eigene Person trägt erheblich dazu bei, wie glücklich man sich fühlt. Auch die Beschäftigung mit den Talenten, Stärken und Freundschaften der Lernenden eröffnet ihnen Möglichkeiten, achtsamer und resilienter durchs Leben zu gehen.

Zielsetzung und Zielgruppe
Das Material bietet den Kindern einen thematisch breiten Rahmen, um sich mit dem Glück auseinandersetzen. Dabei betrachten sie das Glück durch verschiedene „Brillen" und gelangen so zu immer neuen Sichtweisen. Um das Thema möglichst ganzheitlich anzugehen, hält das Material auch angeleitete Übungen bereit, durch die die Schülerinnen und Schüler zu eigenen Erfahrungen gelangen und bei denen die eigene Wahrnehmung angeregt wird.

Das Material wurde für die Jahrgangsstufen 3–4 der Regelschule konzipiert, jedoch ist es durchaus denkbar, einzelne Teile auch in der Sekundarstufe 1 zu verwenden.

Einsatz des Materials
Zu den Themenbereichen des Materials liegen Stundenhinweise vor. In ihnen finden Sie als erstes die „Idee der Einheit" und dann die „Mögliche Durchführung" mit konkreten Vorschlägen, wie Sie die Lernenden durch die Themenbereiche führen können. Da einige Lerngruppen schneller sind als andere, finden Sie unter dem letzten Punkt „Ergänzendes Angebot" weitere Vertiefungsangebote, die Sie frei einsetzen können. Nach den Stundenhinweisen folgen die entsprechenden Arbeitsblätter.
Es ist nicht erforderlich, das Material in der vorliegenden Reihenfolge anzubieten.
Auch innerhalb einer Sequenz können Sie die Arbeitsblätter tauschen.

Das Thema Glück benoten? Bitte nicht!

Wer das Thema mit seiner Klasse behandelt, sollte sich von dem Gedanken, diesen Unterrichtsgegenstand mit in die Bewertung einfließen zu lassen, möglichst freimachen. Wichtig ist, dass sich die Kinder vertrauensvoll öffnen können. Lassen sich die Lernenden darauf ein, persönliche Erfahrungen, Gedanken und Gefühle mit anderen zu teilen, sollten sie sich frei von Bewertungen fühlen dürfen.

Was tun, falls ein Kind sehr emotional reagiert?

Bei der Beschäftigung mit dem Thema Glück können in den Kindern Emotionen getriggert werden; vielleicht wird ein Kind traurig oder fühlt sich wütend. Die Kinder müssen erst lernen, einen angemessenen Umgang mit ihren Emotionen zu finden. Treffen Sie mit den Kindern eine Vereinbarung, wie sie anzeigen können, dass sie sich bei einer Übung emotional überfordert fühlen. Denkbar wäre, dass das entsprechende Kind Ihnen ein vorher ausgemachtes Zeichen gibt und sich dann bis zum Ende der Übung in einen vereinbarten Bereich zurückziehen darf. Falls das Kind sich Ihnen gegenüber offen zeigt, können Sie es anschließend fragen, warum es so heftig reagiert hat.

Findet ein Wutausbruch während einer Übung statt und Sie müssen diese abbrechen, bleiben Sie ruhig und vermeiden Sie Diskussionen mit dem entsprechenden Kind, denn in diesem Moment ist es nicht aufnahmebereit. Sorgen Sie für Sicherheit, damit niemand verletzt wird und sprechen Sie später, wenn sich alle beruhigt haben, mit den Kindern über diese Situation. Das betroffene Kind darf nicht vorgeführt werden. Eventuell ist es hilfreich, wenn alle überlegen, wie sie sich gefühlt haben, als sie einmal so richtig sauer waren und was ihnen geholfen hat, sich zu beruhigen. So wird der Fokus von dem betroffenen Kind abgewandt und die Situation nicht künstlich aufgeblasen.

Hinweis zur Schrift

Das Material ist in einer Druckschrift für die Grundschule erstellt, damit die Kinder ein für sie gut erkennbares und eindeutiges Schriftbild vorfinden. Die verwendeten Schriftarten heißen „Auer Schulbuch“ und „Klett Handschrift“. Die Schriften finden Sie zum Download im Zusatzmaterial. Sie werden Ihnen in den Worddateien nur dann angezeigt, wenn Sie sie in Ihrem Schriftenordner installiert haben. Ansonsten werden Ihnen die Übungen in Word automatisch in Ihrer eingestellten Standardschrift angezeigt. Natürlich haben Sie jederzeit die Möglichkeit, die Worddateien anzupassen. Da sie editierbar sind, können Sie das Material nach Belieben in Ihre bevorzugte Schriftart umändern.

Wir wünschen Ihnen viel Freude und Erfolg beim Einsatz dieses Materials!

Meine Glücksmomente – Stundenhinweise

Idee der Einheit: Die Sequenz stimmt auf die Beschäftigung mit dem Thema Glück ein. Die Kinder erinnern sich an bereits erlebte Glücksmomente und spüren nach, wie sich Glück körperlich anfühlt.

Mögliche Durchführung: Sie können folgendermaßen in das Thema einsteigen: „Wir werden uns in der nächsten Zeit mit dem Thema Glück beschäftigen. Schließt für einen Moment eure Augen und erinnert euch an eine Situation, in der ihr schon einmal so richtig glücklich wart."

Die Kinder teilen ihre Ergebnisse in der Gruppe. Wer erzählt, hält den Erzählstein und gibt diesen anschließend an das nächste Kind weiter. Möchte ein Kind sich nicht äußern, gibt es den Stein einfach weiter. Hierfür benötigen Sie einen Erzählstein.

Dann sagen Sie: „Ihr habt gehört, wie viele unterschiedliche Anlässe es für Glück geben kann. Für jeden bedeutet Glück etwas anderes. Jetzt spürt mal nach, wie sich das Glück in eurem Körper angefühlt hat. Wie hat sich das Glück bemerkbar gemacht?"

Einzelne Kinder äußern ihre Erfahrungen (man verspürt ein Kribbeln, man fühlt sich aufgeregt, ...).

Auf dem AB „Meine Glücksmomente als Blume" halten die Schüler*innen ihre Gedanken über die erwähnten oder weitere Glücksmomente in der Blütenzeichnung fest.
Sie schneiden die Blüte aus und hängen sie mit einer Wäscheklammer an einer im Klassenraum gespannten Schnur auf. Hierfür benötigen Sie Wäscheklammern und eine Schnur. Auf dem AB „So reagiert mein Körper auf Glück" tragen die Kinder ein, wie sie Glück in ihrem Körper wahrnehmen. Im Anschluss tauschen sie sich mit einem Partnerkind aus.

Ergänzendes Angebot: Als Ergänzung können Sie das AB „Glücksideen für den Notfall" machen, auf dem sich die Kinder eine Liste notieren, was sie machen können, wenn es ihnen mal nicht so gut geht.

Meine Glücksmomente als Blume

1. Schreibe einige deiner Glücksmomente in die Blüte.
2. Male die Blüte so an, dass es zu deinen Erlebnissen passt.
3. Schneide die Blüte aus und befestige sie mit einer Klammer an der Schnur.

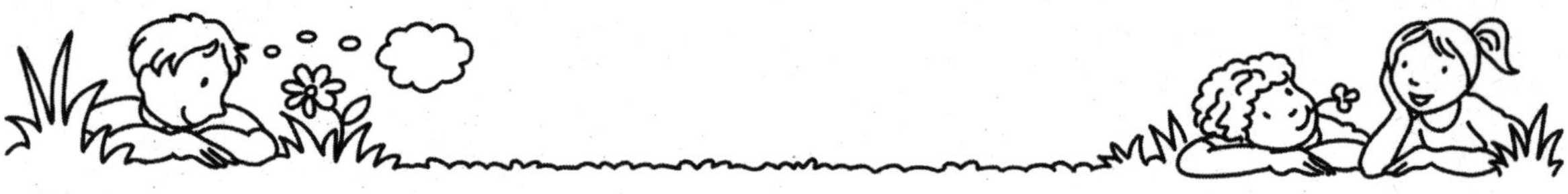

So reagiert mein Körper auf Glück

Für jeden fühlt sich Glück anders an und jeder hat unterschiedliche Körperempfindungen in einer glücklichen Situation.

1. Denke an deine Glücksmomente – wie fühlt sich dein Körper dabei an?
2. Kreise alle Körperempfindungen ein, die du in einem Glücksmoment erlebst. Fehlen welche, so ergänze diese.

Meine Muskeln sind ganz angespannt.

Mein ganzer Körper fühlt sich besonders an.

Mein Körper kribbelt.

Ich atme aufgeregt.

Mein Herz ist erfüllt.

Alle meine Muskeln sind entspannt.

Ich fühle mich, als hätte ich Blubberwasser im Bauch.

Mein Körper ist wohlig warm.

Ich fühle mich fröhlich.

Ich bin ganz wach.

Mein Atem fließt ruhig.

____

3. Male die Stellen in der Körperzeichnung an, die beim Empfinden von Glück am meisten reagiert haben.

Glücksideen für den Notfall

Im Leben gibt es immer wieder Tage, an denen man etwas Trost gebrauchen kann. Was muntert dich auf?
Schreibe alle Aktivitäten in den Koffer, die dich ein bisschen glücklicher machen können.

1. Überlege, was dir Freude macht.
2. Schreibe mindestens zehn Aktivitäten in den Koffer.
3. Kommt ein Tag, an dem es dir nicht gut geht, nutze deine Liste.

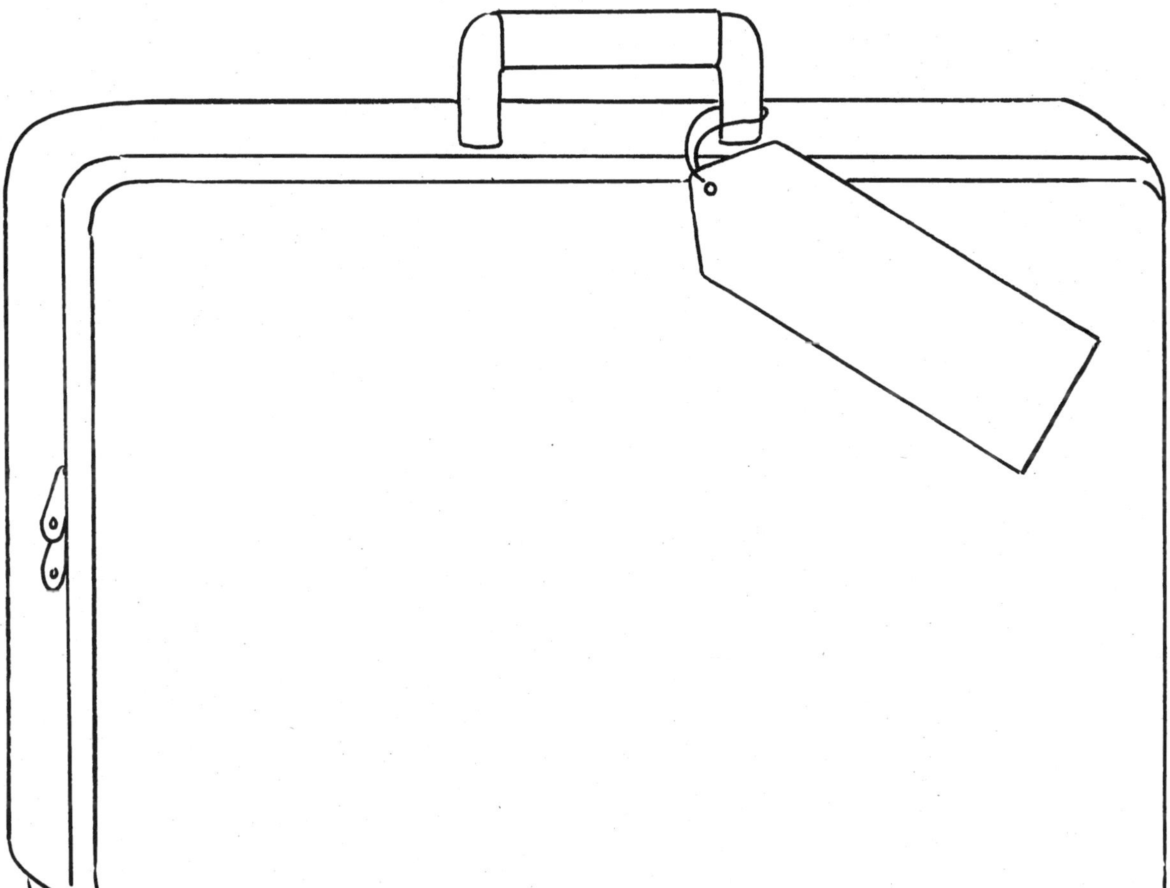

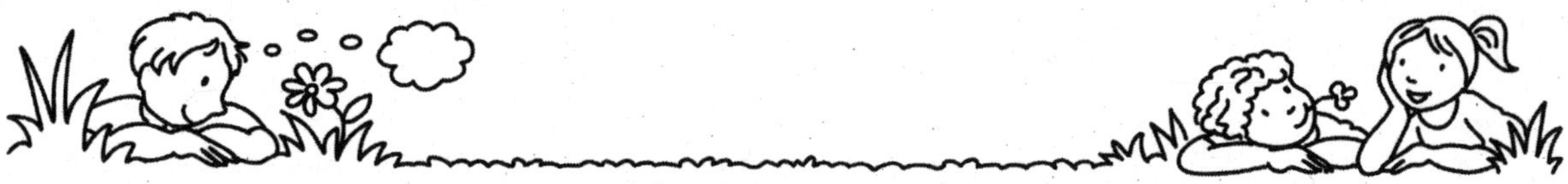

Gedanken übers Glück – Stundenhinweise

Idee der Einheit: Glück bedeutet für jeden etwas anderes. Daher sind die Ansichten zum Thema Glück zahllos. Die Kinder beschäftigen sich in Kleingruppen mit ausgewählten Meinungen fiktiver Personen sowie Zitaten bekannter Persönlichkeiten. Die Kinder reflektieren, ob sie die Meinungen und Zitate, die es zum Thema Glück gibt, teilen oder eine andere Sicht darauf haben. Die Sequenz stimmt auf die Beschäftigung mit dem Thema Glück ein. Die Kinder erinnern sich an bereits erlebte Glücksmomente und spüren nach, wie sich Glück körperlich anfühlt.

Mögliche Durchführung: Kopieren Sie als Vorbereitung die ABs „Meinungen und Zitate übers Glück“ für mehrere Kleingruppen und laminieren Sie sie gegebenenfalls. Schneiden Sie die Streifen aus und geben Sie diese in diverse Gefäße (z.B. Tassen oder Schachteln). Es arbeiten immer ca. drei bis vier Kinder zusammen.

Stellen Sie die Gefäße mit den Streifen im Klassenzimmer bereit. Mehrere Schüler*innen versammeln sich um ein Gefäß mit den vorbereiteten Streifen. Ein Kind zieht einen Streifen und liest vor, was darauf steht. Anschließend sagen die Kinder reihum ihre Meinung zu folgenden Leitfragen:

- Halten sie für wahr, was auf dem Streifen notiert ist?
- Falls nicht, was sehen sie anders?
- Haben sie Beispiele aus dem eigenen Leben?

Sind die Kinder fertig, stellen sie alles ordentlich zurück.

Ergänzendes Angebot: Als Ergänzung können Sie das AB „Mini-Poster: Das ist Glück für mich“ nutzen, auf dem die Kinder nochmal ihre Ansicht auf Glück reflektieren können.

Meinungen und Zitate übers Glück (1)

„Meine Oma sagt, ein Freitag, der 13., bringt Unglück.“ (Anton, neun Jahre)
„Gute Freundinnen und Freunde machen einen glücklich.“ (Jonas, zehn Jahre)
„Man kann selbst etwas dafür tun, um glücklich zu sein.“ (Herr Schmidt, 43 Jahre)
„Triffst du eine schwarze Katze, so bringt das Unglück.“ (Sarah, acht Jahre).
„Nur reiche Menschen sind glücklich.“ (Frau Sommer, 66 Jahre)
„Wenn man nur fest genug dran glaubt, wird man glücklich.“ (Tania, acht Jahre)
„Es liegt nur an dir selbst, ob du glücklich wirst.“ (Herr Zimmermann, 30 Jahre)
„Man kann auch Glück im Unglück haben.“ (Ida, elf Jahre)
„Mama meint, auf Holz zu klopfen, bringt Glück.“ (Simon, 10 Jahre)
„Wenn der Schornsteinfeger ins Haus kommt, bringt das Glück.“ (Frau Schneider, 60 Jahre)
„Nur Schokolade macht so richtig glücklich.“ (Sina, acht Jahre)

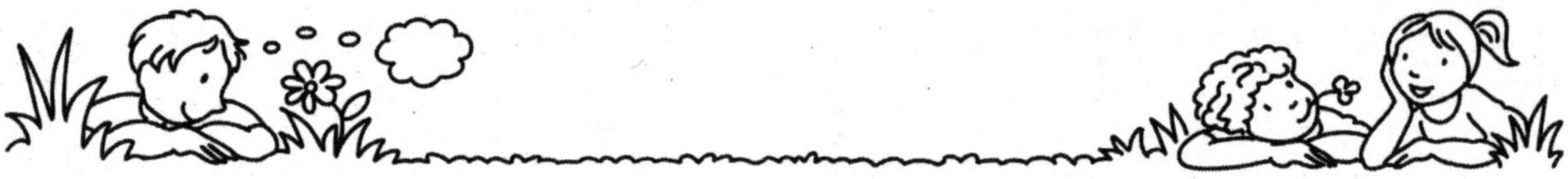

Meinungen und Zitate übers Glück (2)

„Das wahre Glück ist: Gutes zu tun.“

(Sokrates, griechischer Philosoph, 469–399 v. Chr.)

„Glück ist das einzige, das sich verdoppelt, wenn man es teilt.“

(Albert Schweitzer, Arzt und Philosoph. 1875–1965)

„Das Geheimnis des Glücks liegt nicht im Besitz, sondern im Geben.
Wer andere glücklich macht, wird glücklich.“

(André Gide, Schriftsteller, 1869–1951)

„Menschen zu finden, die mit uns fühlen und empfinden,
ist wohl das schönste Glück auf Erden.“

(Carl Spitteler, Dichter, 1845–1924)

„Viele Menschen versäumen das kleine Glück,
während sie auf das große vergebens warten.“

(Pearl S. Buck, Schriftstellerin, 1892–1973)

„Die Tiere empfinden wie der Mensch Freude und Schmerz,
Glück und Unglück.“

(Charles Darwin, Naturforscher. 1809–1882)

„Wenn wir Freude am Leben haben,
kommen die Glücksmomente von selber.“

(Ernst Ferstl, Schriftsteller, geb. 1955)

„Das Glück wohnt nicht im Besitze und nicht im Golde,
das Glücksgefühl ist in der Seele zu Hause.“

(Demokrit, Philosoph, 460–370 v. Chr.)

„In uns selbst liegen die Sterne unseres Glücks.“

(Heinrich Heine, Dichter, 1797–1856)

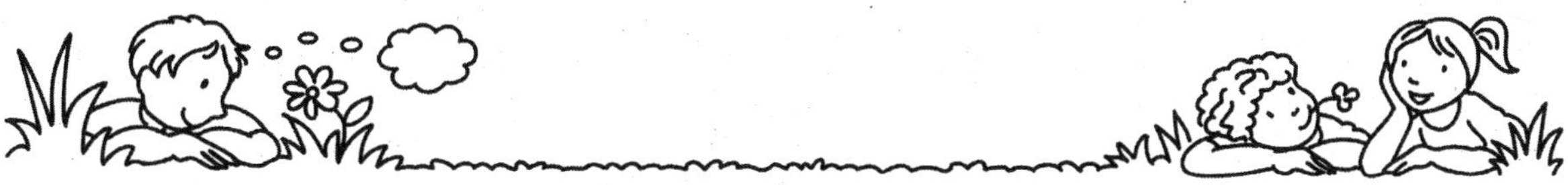

Mini-Poster: Das ist Glück für mich

1. Male alle Zeichnungen an, die du mit Glück in Verbindung bringst. Die übrigen lässt du einfach so.
2. Beantworte die Fragen auf den Notizzetteln.

Welches Essen macht dich glücklich?

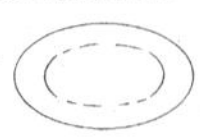

Welcher gefundene Gegenstand bedeutet für dich Glück?

Welche Dinge in der Natur bedeuten für dich Glück?

Welcher Ort macht dich glücklich?

Welches Buch bedeutet für dich Glück?

Welches Erlebnis bedeutet für dich Glück?

Welche Freunde bedeuten für dich Glück?

Welche Musik bedeutet für dich Glück?

Welche Aktivität bedeutet für dich Glück?

Welcher Zufall hat dich glücklich gemacht?

Was bedeutet Glück für dich? Schreibe deine eigenen Ideen auf.

Wie ich bin – Stundenhinweise

Idee der Einheit: Sich selbst als wertvoll zu erleben, trägt dazu bei, dass wir uns glücklich fühlen. Daher geht es in dieser Sequenz darum, dass die Kinder sich angenommen fühlen und merken, dass Sie und die anderen Schüler*innen sich für sie interessieren. Die Kinder stellen sich den anderen aus der Perspektive einer wohlwollenden Freundin oder eines wohlwollenden Freundes vor und erzählen darüber hinaus etwas über einen Gegenstand, der ihnen etwas bedeutet.

Mögliche Durchführung: Alle versammeln sich im Sitzkreis. Sie sagen: „Stellt euch einmal vor, wir alle würden uns heute zum ersten Mal sehen. Damit wir uns besser kennenlernen, würden wir uns einander vorstellen. Das tun wir aber auf eine ungewöhnliche Art, nämlich so, wie unsere beste Freundin oder unser bester Freund von uns sprechen würde.“

Sie geben ein Beispiel von sich vor, etwa: „Das würde meine Freundin Monika über mich erzählen: Das ist Frau Schmidt. Sie ist sehr lustig und ihr Hobby ist das Malen. Sie kocht sehr gut und wenn man bei ihr zu Besuch ist, wird man toll umsorgt.“ Aus der Perspektive einer wohlwollenden Person, kommen im Allgemeinen nur positive Eigenschaften zur Sprache. Vielleicht fällt den Kindern dieser kleine „Trick“ sogar auf und Sie thematisieren mit ihnen, dass man sich selbst oft strenger betrachtet. Fordern Sie die Schüler*innen auf, mithilfe des Arbeitsblattes „Ein Steckbrief über mich“ weiterführende Gesichtspunkte über sich selbst festzuhalten und diese im Anschluss mit einem Partnerkind zu teilen.

Als Hausaufgabe wäre folgender Auftrag möglich: Bitten Sie die Kinder an einem der nächsten Tage einen persönlichen Gegenstand mitzubringen, der ihnen wichtig ist. Vielleicht üben die Kinder ein Hobby damit aus oder sie verbinden ein schönes Erlebnis damit. Es kann sich auch um einen praktischen Gegenstand handeln, der im Alltag des Kindes häufig vorkommt (z.B. der Lieblingsrucksack o.ä.). Nicht mitgebracht werden dürfen Smartphones oder andere teure Gegenstände, weil es nicht um Statussymbole gehen soll. Die Gegenstände können dann im Sitzkreis vorgestellt werden. Folgende Fragen können sich anschließen:

- Was verbindest du mit deinem Gegenstand?
- An was oder wen erinnert er dich?
- Von wem hast du den Gegenstand bekommen?
- Muss ein Gegenstand viel Geld kosten, damit er dir wichtig ist?
- Im Anschluss bearbeiten die Kinder das AB „Ein Gegenstand, der mir etwas bedeutet“.

Ergänzendes Angebot: Als Ergänzung können Sie das Arbeitsblatt „Mindmap: Ich bin wertvoll“ nutzen, um mit den Kindern den Aspekt des Selbstwertes zu vertiefen.

Ein Steckbrief über mich

Mein Name: ______________________

Wäre ich eine Jahreszeit, so wäre ich:

Wäre ich ein Tier, so wäre ich

____

Drei Adjektive, die meine Stärken sehr gut beschreiben:

_____________ _____________ _____________

Diese Tätigkeit bereitet mir großen Spaß:

____

____

____

Wenn du mir eine Freude machen willst, dann

____

____

____

Wenn es ___________________________
zum Mittagessen gibt, bin ich glücklich.

Das ist mein Geheimrezept gegen schlechte Laune:

____

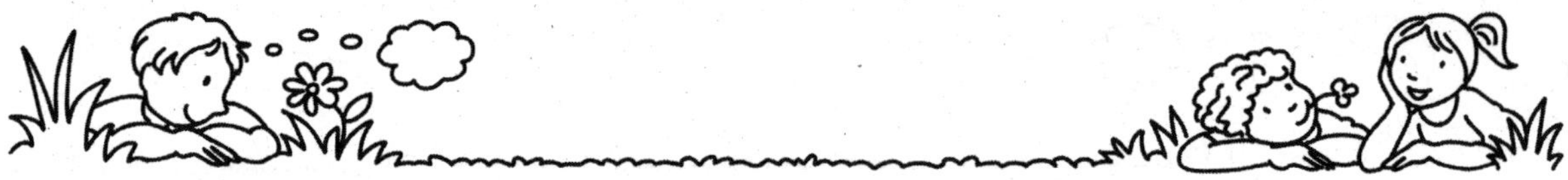

Ein Gegenstand, der mir etwas bedeutet

Gegenstände, die dir wichtig sind und dich erfreuen, können ganz unterschiedlich sein. Das kann ein Stein sein, den du bei einem Ausflug gefunden hast. Es kann aber auch ein Spielzeug sein, das viel gekostet hat.

1. Male hier den Gegenstand auf, der dir wichtig ist.

2. Fülle den Fragebogen aus.

Um diesen Gegenstand geht es: ______________________________

Warum ist dir dieser Gegenstand wichtig?

____

____

____

____

Wie ist der Gegenstand zu dir gekommen?

____

____

Wenn du ihn ansiehst, fühlst du dich: 

____

____

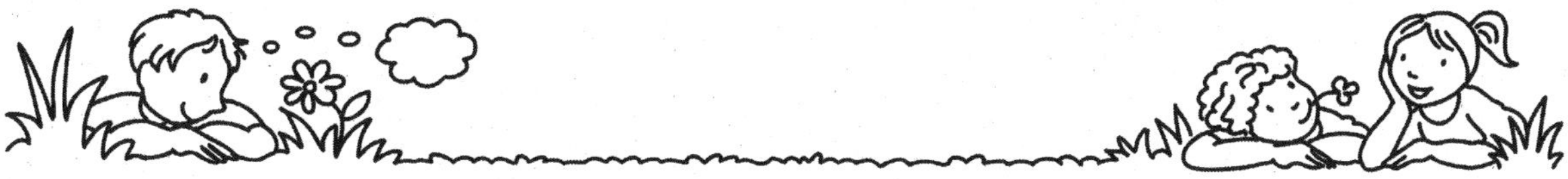

Mindmap: Ich bin wertvoll

1. Fülle die Mindmap mit einem Partnerkind aus. Helft euch gegenseitig, wenn ihr nicht mehr weiterwisst.

Ich kann gut (und fühle mich sicher darin):

Dinge, die mir Freude bereiten:

Das tut meinem Körper gut:

Ich mag an mir:

Meine Wünsche (für jetzt und die Zukunft):

Das habe ich schon geschafft (obwohl es schwer war):

Ich bin wertvoll!

Wie andere uns sehen – Stundenhinweise

Idee der Einheit: Die Kinder setzen sich damit auseinander, dass das Bild, das wir von uns selbst haben, nicht zwangsläufig deckungsgleich ist mit dem Bild, das andere von uns haben. Dies kann unser Glück trüben. Daher wird dieser Sachverhalt hier thematisiert, so dass die Kinder die Chance haben, ihm im Anschluss an diese Sequenz gelassener zu begegnen.

Mögliche Durchführung: Mithilfe einer Dokumentenkamera können Sie gemeinsam das AB „Wie ich mich sehe" anschauen. Darauf ist ein Kind (Lena) zu sehen, das sich vor seinen Mitschüler*innen so darstellt, wie es sich selbst sieht. Lassen Sie die Kinder beschreiben, wie sie die dargestellte Szene wahrnehmen. Vermutlich äußern sie, dass sich Lena als Blume sieht und dass ihre Klassenkamerad*innen sie entweder ähnlich oder ganz anders wahrnehmen.

Fragen Sie die Kinder, woran es liegen könnte, dass es unterschiedliche Wahrnehmungen in Bezug auf Lena gibt. Antworten seitens der Schüler*innen können sein: „Manche Kinder kennen Lena besser, andere kennen sie schlechter. Daher sehen einige Kinder Lena so, wie sie sich selbst sieht und andere haben einen anderen Eindruck von ihr."

Fazit des Gesprächs sollte sein: Man sieht den anderen immer durch die „eigene Brille", das ist normal und okay.

Ergänzendes Angebot: Als Ergänzung können Sie mit den Kindern besprechen, dass sich jeder anders sieht und deshalb jedem etwas anderes guttut. Dazu können Sie das AB „Experiment: Die guten Drei" nutzen.

Wie ich mich sehe

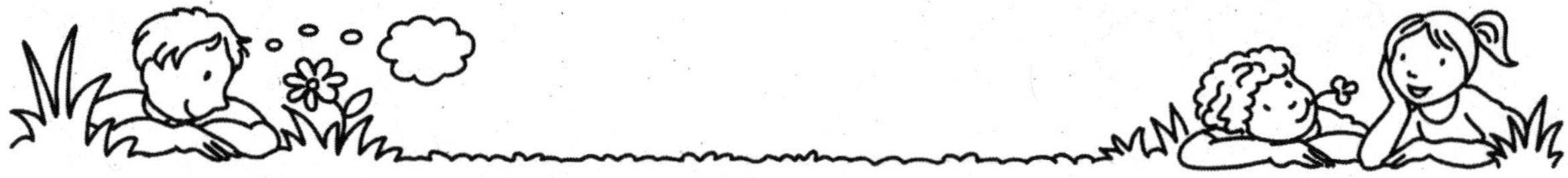

Experiment: Die guten Drei (1)

Hast du Lust auf ein kleines Experiment? Damit kannst du testen, ob du selbst dazu beitragen kannst, dass du dich besser, glücklicher und zufriedener fühlst.

1. Schreibe eine Woche lang an jedem Tag stichpunktartig drei Situationen auf, die sich gut angefühlt haben. Ganz wichtig ist, dass du selbst daran beteiligt warst.
2. Überlege, wie du dich nach jedem Aufschreiben fühlst. Färbe den entsprechenden Smiley ein.

Beispiele: Ich habe etwas gebastelt, was mir nicht auf Anhieb gelungen ist, aber schließlich habe ich es gut hinbekommen. Ich habe mich aufgerafft, eine halbe Stunde für die Sachunterrichtsarbeit zu lernen. Ich habe den Geschirrspüler ausgeräumt und Mama hat mich gelobt.

Montag: ______________________________

____

____

____

Dienstag: ______________________________

____

____

____

Mittwoch: ______________________________

____

____

____

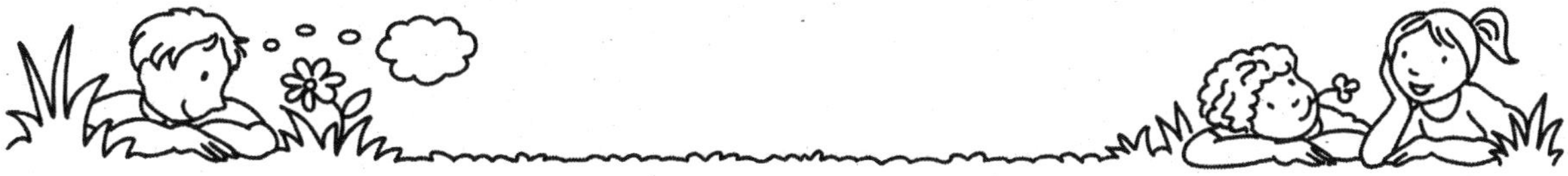

Experiment: Die guten Drei (2)

Donnerstag: ______________________________

____

____

____

Freitag: ______________________________

____

____

____

Samstag: ______________________________

____

____

____

Sonntag: ______________________________

____

____

____

Freundschaft – Stundenhinweise

Idee der Einheit: Den wichtigsten Einfluss auf die Entwicklung von Kindern haben, neben den Eltern, ihre Freundinnen und Freunde. Auch im späteren Leben machen freundschaftliche Beziehungen eine der Säulen aus, die für unser Glück von Bedeutung sind. In dieser Sequenz wird daher das Thema „Freundschaft“ behandelt. Die Kinder setzen sich mit Fragen zum Thema auseinander und überlegen, was sie an ihren besten Freundinnen und Freunden am meisten mögen.

Mögliche Durchführung: Eine Heranführung an das Thema kann durch eine Runde „Stille Post“ mit Begriffen wie „Freundschaft, gemeinsam, Vertrauen“ erfolgen. Einleitend wird in dieser Sequenz über eine Freundschaft gesprochen, die nicht ohne Reibungen beginnt. Lesen Sie den Kindern dazu den Text auf dem AB „Eine Freundschaft mit Anlaufschwierigkeiten– Vorlesetext“ vor.
Lassen Sie die Kinder im Anschluss erzählen, wie sie ihre besten Freundinnen und/oder Freunde kennengelernt haben und ob sie sich gleich gut mit ihnen verstanden haben oder (wie in der Geschichte) einen holprigen Start hatten. Zusätzliche Fragen können sein:

- Warum sind Freundinnen / Freunde wichtig?
- Wie kann man eine gute Freundin / ein guter Freund sein?
- Was sind für dich die wichtigsten drei Dinge in einer Freundschaft?

Anschließend füllen die Kinder das Arbeitsblatt „Steckbriefe zu meinen Freunden“ aus. Die Kinder notieren, was sie an ihren besten Freundinnen und Freunden besonders schätzen und wie sie sie kennengelernt haben. Für die Zeit der Bearbeitung können Sie Entspannungsmusik anstellen oder mit den Kindern eine Zeit der Stille vereinbaren, damit sich die Schüler*innen wirklich in das Ausfüllen „fallenlassen“ können.

Ergänzendes Angebot: Jedes Kind möchte Freundschaften erleben, in denen es sich sicher und aufgehoben fühlt. Die Kinder müssen erst lernen, ihr eigenes Verhalten zu hinterfragen, ob auch sie selbst eine gute Freundin oder ein guter Freund für andere sind.
Durch das AB „Selbsttest: Bist du ein guter Freund?“ beschäftigen die Kinder sich mit dieser Thematik und können aus verschiedenen Antworten, die auswählen, die auf sie am ehesten zutreffen. Wichtig ist, dass niemand für seine Antwort bewertet wird, denn erstens gibt es hier kein richtig und falsch, und zweitens kann es sein, dass ein Kind momentan gar nicht in der Lage ist, sich in einer bestimmten Situation anders zu verhalten, als es eventuell angebracht wäre.

Eine Freundschaft mit Anlaufschwierigkeiten – Vorlesetext

Tom ist mit Mama und Papa im Urlaub an der Ostsee. Heute wollen seine Eltern ins Museum und Tom bleibt lieber in der Ferienwohnung. Nach einer Weile beginnt er sich zu langweilen und geht runter zum Strand. Sonst sind immer einige Jungen dort, die Fußball spielen, aber heute ist da nur ein Mädchen, das allein vor sich hinkickt.

Tom beobachtet das Mädchen eine Weile und ist erstaunt, dass es richtig gut mit dem Ball umgehen kann. Das Mädchen merkt, dass Tom es anschaut und ruft zu ihm herüber: „Ist was? Was guckst du denn so komisch?" Toms Gesicht läuft rot an und er entgegnet: „Was soll schon sein? Für ein Mädchen kickst du nicht schlecht!"

Da faucht das Mädchen ärgerlich zurück: „Ach ja? Für ein Mädchen? Geht's noch? Zeig doch erstmal, was du selbst draufhast!" Das lässt sich Tom nicht zweimal sagen. Er läuft auf das Mädchen zu und es passt den Ball zu ihm hinüber. Tom spielt den Ball zurück und das Mädchen balanciert den Ball gekonnt auf seinen Knien hin und her. Tom staunt. Das bekommt nicht mal der beste Spieler seiner Mannschaft hin.

„Wie heißt du eigentlich?", fragt er. „Lissy!", entgegnet das Mädchen. „Soll ich dir mal zeigen, wie das Balancieren geht? Das schaffst du auch!" Tom findet es cool, dass Lissy keine Angeberin ist und ihm gleich ihr Können weitergeben möchte. Lissy zeigt Tom alle Tricks, die sie kennt und Tom setzt sie gut um.
Nach einer Weile sind sie erschöpft und Tom sagt zu Lissy: „Komm, ich lade dich auf ein Eis ein." Er kauft zwei große Eisbecher. Lissy isst zügig das Eis auf, während Tom sich mehr Zeit lässt. Lissy kichert: „Für einen Jungen bist du echt langsam." Jetzt müssen beide lachen.

Solange Tom und Lissy an der Ostsee sind, verabreden sie sich jeden Tag, um etwas zusammen zu unternehmen. Und auch als der Urlaub zu Ende ist, halten sie weiter Kontakt. In den nächsten Ferien wird Lissy Tom besuchen und Tom freut sich darauf, Lissy seinen Fußballkumpels vorzustellen.

Mögliche Gesprächsanlässe zum Text:

- Wie hast du deine besten Freundinnen und/oder Freunde kennengelernt?
- Hast du dich gleich super mit ihnen verstanden oder hattet ihr auch einen holprigen Start?

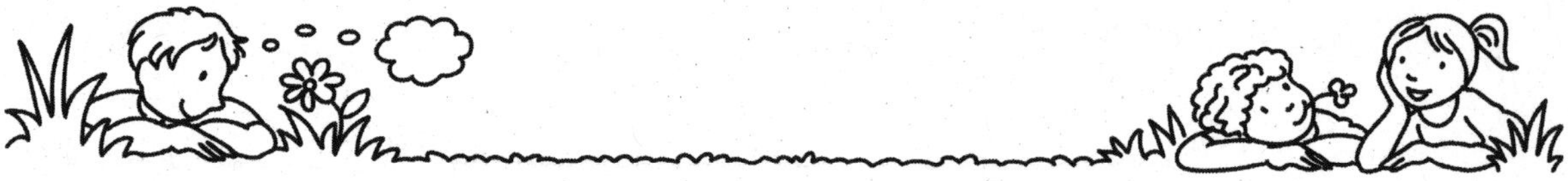

Steckbriefe zu meinen Freunden

1. Stelle deine wichtigsten Freunde vor.

Ich mag an ________________,
besonders, dass

____

____

____

So haben wir uns kennengelernt:

____

____

____

Ich mag an ________________,
besonders, dass

____

____

____

So haben wir uns kennengelernt:

____

____

____

Ich mag an ________________,
besonders, dass

____

____

____

So haben wir uns kennengelernt:

____

____

____

Ich mag an ________________,
besonders, dass

____

____

____

So haben wir uns kennengelernt:

____

____

____

Selbsttest: Bist du ein guter Freund?

Jeder möchte gute Freunde haben. Doch bist du selbst ein guter Freund?

1. Kreuze an, was du tun würdest. Du kannst auch eine eigene Antwort schreiben.
2. Schaue dir deine Antworten an. Würdest du dich selbst gerne als Freund haben?

Situation 1: Dein Freund hat Ärger zuhause. Was tust du?

☐ Ich erzähle munter vor mich hin, damit er nicht länger daran denken muss.

☐ Ich lasse ihn von der Situation berichten und mache ihm Mut, dass es wieder besser wird.

☐ ____

Situation 2: Dein Freund hat etwas geschenkt bekommen, was du auch gern hättest. Was tust du?

☐ Ich bin neidisch, gebe es aber nicht zu und tue so, als wäre mir das egal.

☐ Ich bin neidisch, sage „das hätte ich auch gern“, aber gönne es meinem Freund.

☐ ____

Situation 3: Dein Freund will etwas Verbotenes tun oder eine gefährliche Mutprobe machen. Was tust du?

☐ Ich sage ihm, dass ich das nicht gut finde und bitte ihn, es zu lassen.

☐ Ich unterstütze ihn dabei, denn ich finde es cool, dass er so mutig ist.

☐ ____

Situation 4: Dein Freund wird von älteren Kindern geärgert. Was tust du?

☐ Ich tue so, als ob wir uns nicht kennen und hoffe, dass ihm nichts passiert.

☐ Ich bleibe bei ihm und unterstütze ihn gegen die anderen.

☐ ____

Situation 5: Dein Freund will sich einen neuen Pulli kaufen, den du ganz schrecklich an ihm findest. Was tust du?

☐ Ich sage vorsichtig, dass der Pulli ihm nicht steht, auch wenn er dann traurig sein könnte.

☐ Ich will meinen Freund nicht traurig machen und sage, dass ich den Pulli ganz toll finde.

☐ ____

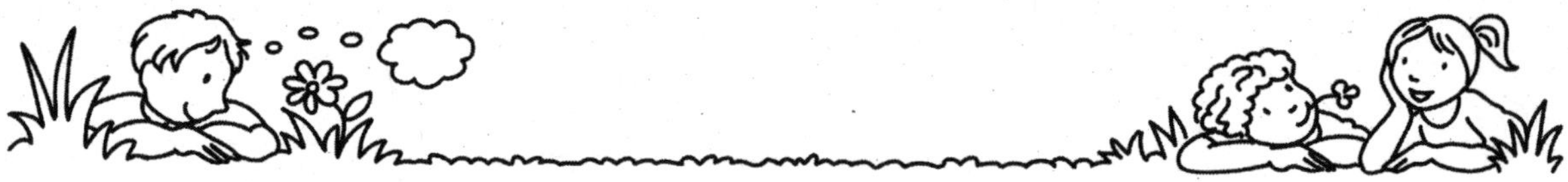

Bedürfnisse – Stundenhinweise (1)

Idee der Einheit: Jeder Mensch hat Bedürfnisse. Die eigenen Bedürfnisse zu entdecken und sich durch sie zu einem für uns stimmigen Leben leiten zu lassen, löst Zufriedenheit in uns aus. Die Kinder sollen den Begriff „Bedürfnisse" kennenlernen und sich mit den eigenen Bedürfnissen beschäftigen. Dazu identifizieren die Kinder eigene Bedürfnisse und überlegen, wie sich diese erfüllen lassen. Sie setzen sich mit den Bedürfnissen ihnen nahestehender Menschen auseinander und überlegen, wie sie diese unterstützen könnten.

Mögliche Durchführung: Setzen Sie sich mit den Kindern in den Sitzkreis. Halten Sie ein Schild hoch, auf dem das Wort „Bedürfnis" steht. Die Kinder sollen versuchen zu erklären, was man unter einem Bedürfnis versteht. Da ein abstraktes Erklären sehr schwierig ist, nennen die Kinder sicher bereits konkrete Bedürfnisse (z.B. Abwechslung, Alleinsein, Bewegung, Erholung, Freude, Gemeinschaft, Ruhe, Sauberkeit, Sicherheit, Spaß, Zuneigung).

Legen Sie nun einige Schilder in die Sitzkreismitte, auf denen jeweils ein Bedürfnis genannt wird (Bewegung, Gemeinschaft, Spaß, Genuss). Sie lesen nun die nachfolgenden vier Texte vor und stoppen dabei nach jedem Text. Die Kinder überlegen, welches auf den Schildern genannte Bedürfnis am besten zum jeweiligen Text passt und benennen es.

In seinem Job musste Jens heute den ganzen Tag stillsitzen. Sein Körper fühlt sich am Abend ganz eingerostet an. Jens hat das Bedürfnis nach … (Bewegung)
Ruth freut sich auf das wöchentliche Treffen mit ihren Freundinnen. Ruth lebt allein und fühlt sich manchmal einsam. Durch das Treffen mit ihren Freundinnen stillt sie ihr Bedürfnis nach … (Gemeinschaft)
In den letzten Tagen musste sich Martin nur mit ernsten und traurigen Themen beschäftigen. Ihn plagen finanzielle Sorgen und dann ist auch noch sein Hund gestorben. Heute will Martin sich im Kino einen lustigen Film ansehen. Er hat das Bedürfnis nach … (Spaß)
Sandra und Miriam treffen sich heute, um gemeinsam lecker zu kochen. Sie haben eine Suppe und ein aufwendiges Gericht geplant. Das gemeinsame Kochen macht ihnen Freude und stillt außerdem ihr Bedürfnis nach … (Genuss, Gemeinschaft)

Im Anschluss bearbeiten die Kinder das Arbeitsblatt „Mein Bedürfnis-Check". Das hilft den Schüler*innen dabei, ihre eigenen Bedürfnisse besser einzuordnen und vermittelt ihnen, dass jeder Mensch unterschiedliche Bedürfnisse hat.

Bedürfnisse – Stundenhinweise (2)

Weiterführend können Sie anregen, dass sich die Kinder mit den Bedürfnissen der Menschen um sie herum beschäftigen. Einleitend lesen Sie den Kindern die folgenden kleinen Texte vor.

Mama sitzt mit ihren drei Kindern beim Mittagessen. „Mama, können wir gleich noch ein Eis bekommen?“ Mama sieht im Kühlschrank nach und findet noch drei Eis am Stiel. Sie legt die kalten Süßigkeiten auf den Tisch und sagt: „Ihr könnt das Eis essen. Ich mag kein Eis.“ Erst später denken ihre Kinder darüber nach, dass Mama sonst sehr gern Eis isst.

Papa ist heute sehr müde. Aber er hat Tonio versprochen, mit ihm ins Kino zu gehen. Also fährt er mit seinem Sohn hin und sie schauen sich den Film an.

Mama hatte eine stressige Woche. Sie musste viel arbeiten und Hausarbeit machen. Deshalb wird sie sich am Samstag eine Auszeit nehmen und den ganzen Tag damit verbringen, zu lesen und zu malen. In der Zeit sind die Kinder bei den Großeltern.

Die Kinder äußern die Bedürfnisse, die sie bei den im Text vorkommenden Personen erkennen können. Sie überlegen außerdem, was jemanden daran hindern kann, seine Bedürfnisse mitzuteilen und überlegen, ob es gut ist, die eigenen Bedürfnisse zu übergehen.

- Die Mutter möchte, dass jedes ihrer Kinder ein Eis genießen kann und verzichtet aus diesem Grund selbst darauf.
- Das Bedürfnis des Vaters ist Ruhe, aber er möchte seinen Sohn nicht enttäuschen.
- Das Bedürfnis der Mutter ist, ihren Lieblingsbeschäftigungen nachzugehen. Sie schafft sich einen freien Tag, um diesem Bedürfnis nachzugehen.

Das AB „Interview mit einem Familienmitglied“ dient dazu, sich mit den Bedürfnissen eines anderen Menschen auseinanderzusetzen. Auf dem AB „Welche Bedürfnisse haben andere?“ notieren die Kinder einzelne Bedürfnisse, die sie bei anderen wahrnehmen und überlegen, ob sie sie unterstützen können, die Bedürfnisse zu erfüllen.

Ergänzendes Angebot: Zum Abschluss oder als Ergänzung wird das Thema aus „wissenschaftlichem“ Blickwinkel betrachtet und die Kinder lernen die Maslowsche Bedürfnispyramide kennen. Durch den Lückentext auf dem AB „Die Bedürfnispyramide“ werden die menschlichen Bedürfnisse noch einmal geordnet aufgezeigt.

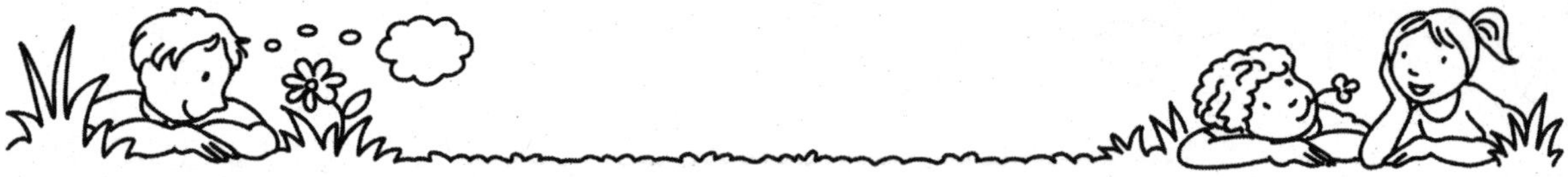

Mein Bedürfnis-Check

1. Denke über deine Bedürfnisse in den folgenden Situationen nach.
   Kreuze an oder schreibe deine eigene Antwort dazu.

Ich unternehme am liebsten etwas ...

☐ mit möglichst vielen Freunden gleichzeitig. Ich bin ein Gruppenmensch.

☐ mit einem guten Freund. Ich konzentriere mich ganz auf eine Person und darauf mit ihr zu sprechen oder zu spielen.

☐ ______________________________
____
____

Mir geht es gut, wenn ich immer ...

☐ wieder den gleichen Beschäftigungen nachgehe. Das entspannt mich.

☐ neue Beschäftigungen ausprobiere. Dann fühle ich mich lebendig.

☐ ______________________________
____

Nach einem anstrengenden Tag entspanne ich mich am besten, indem ich ...

☐ Ruhe habe.

☐ mich austobe.

☐ ______________________________
____
____

Später möchte ich einen Beruf ausüben, bei dem ich ...

☐ die Welt verändern und verbessern kann.

☐ genug Geld verdiene, um sicher leben zu können.

☐ ______________________________
____
____
____

Ich fühle mich begeistert, wenn es um diese Themen geht:

☐ Tiere.

☐ technische Dinge.

☐ Sport.

☐ ______________________________
____
____

Wenn ich mir ein Reiseziel aussuchen dürfte, würde ich mir ...

☐ einen Ort aussuchen, an dem immer etwas los ist und den viele Menschen besuchen.

☐ ein ruhiges Ziel inmitten der Natur wählen.

☐ ______________________________
____

Interview mit einem Familienmitglied

Genau wie du haben auch die Mitglieder deiner Familie eigene Bedürfnisse. Führe ein Interview mit jemandem aus deiner Familie durch und lerne die Person besser kennen.

1. Stelle deinem Gegenüber die Fragen. Schreibe die Antworten stichpunktartig auf.

Interview mit ______________________________

Stelle dir vor, du verspürst das Bedürfnis, dich zu entspannen. Wie gelingt dir das am besten?

Wenn du bemerkst, du wärst jetzt gerne in Gesellschaft – wie erfüllst du dir dieses Bedürfnis?

Was tust du, wenn du das Bedürfnis nach Genuss verspürst und es so richtig auslebst?

Wenn du das Bedürfnis hast, dich mit interessanten Themen zu beschäftigen, welche Themen wären das?

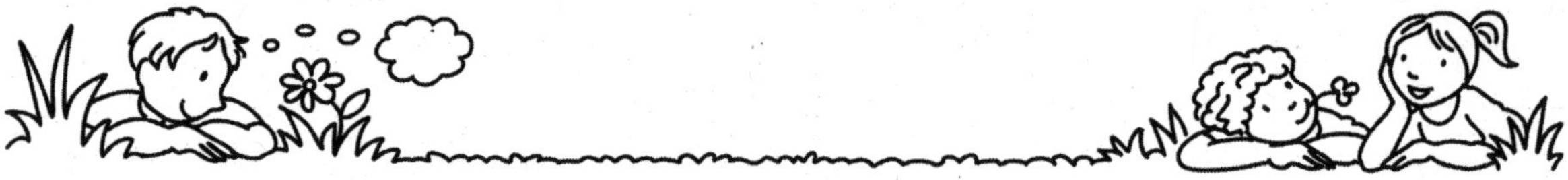

Welche Bedürfnisse haben andere?

1. Kannst du die Bedürfnisse von Mama und Papa, anderen Familienangehörigen, oder deinen Freunden benennen? Was brauchen sie, damit sie sich glücklich und zufrieden fühlen? Schreibe deine Beobachtungen auf.

Hier geht es um: ______________________________

Sie / er hat folgendes Bedürfnis:

____

____

____

So könnte ich ihr / ihm helfen, ihr / sein Bedürfnis zu erfüllen:

____

____

____

Hier geht es um: ______________________________

Sie / er hat folgendes Bedürfnis:

____

____

____

So könnte ich ihr / ihm helfen, ihr / sein Bedürfnis zu erfüllen:

____

____

____

Die Bedürfnispyramide

Anfang der 1940er Jahre untersuchte der Psychologe Abraham Maslow (1908-1970) menschliche Bedürfnisse. Er erstellte ein Schaubild, in der die Bedürfnisse in Form einer Pyramide dargestellt sind.

1. Lies den Text und trage die fehlenden Wörter ein.

Freunde, Talente, Luft, zugehörig, Freizeit, trinken, Regeln

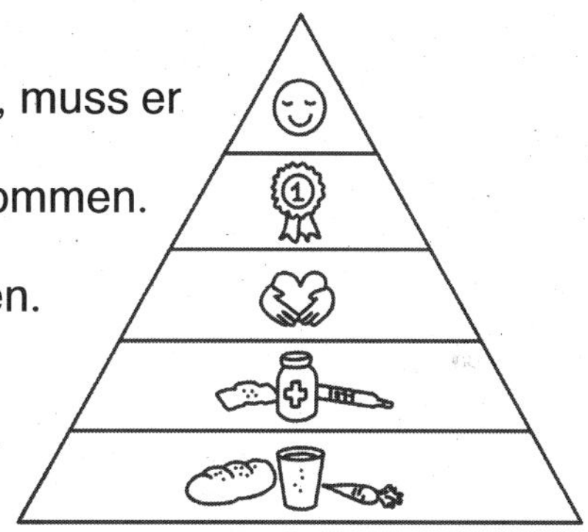

Grundbedürfnisse: Damit ein Mensch überleben kann, muss er genug zu essen und zu ____________________ bekommen. Er braucht frische ____________________ zum Atmen. Um gesund zu bleiben, sind ausreichend Schlaf und wärmende Kleidung wichtig.

Sicherheitsbedürfnisse: Jeder Mensch möchte sich sicher und angstfrei fühlen. Ein eigener Lebensraum in Form einer Wohnung oder Ähnlichem trägt dazu bei. Genug Geld zu haben, bietet ebenfalls Sicherheit. Auch Gesetze und ____________________ können Sicherheit bieten.

Soziale Bedürfnisse: Für Menschen sind Familie und ____________________ wichtig. Menschen möchten sich geliebt, gemocht und ____________________ fühlen. Sie wollen einen Platz in der Gemeinschaft haben.

Individualbedürfnisse: Diese Bedürfnisse sind bei jedem Menschen unterschiedlich. Einige legen Wert auf Wohlstand und anderen ist Freiheit wichtiger. Sie verdienen lieber weniger Geld und haben dafür mehr ____________________. Weitere Bedürfnisse können sein: Etwas zu sagen zu haben, unabhängig zu leben, erfolgreich zu sein und so weiter.

Selbstverwirklichungsbedürfnisse: Jeder möchte sein Leben gerne nach seinen eigenen Vorstellungen gestalten und seine ____________________ ausleben.

2. Wie soll dein Leben mal aussehen?
   Nimm dir ein leeres Blatt Papier und male es auf.

Selbstwirksamkeit: Meine Stärken – Stundenhinweise

Idee der Einheit: In dieser Sequenz geht es um die Stärken der Schüler*innen. Die Kinder schärfen den Blick für ihre Stärken und sammeln einige dieser Stärken. Sie überlegen, in welcher Situation eine dieser Stärken schon einmal hilfreich für sie war und wofür diese Stärke in Zukunft einmal nützlich sein könnte.

Mögliche Durchführung: Die Kinder stellen sich im Kreis auf. Am besten wäre es, etwas Platz zu haben, daher wäre der Schulhof gut geeignet.
Ein Kind wirft einem anderen einen Ball zu und nennt dabei eine seiner Stärken: „Ich heiße [Name des Kindes] und bin geduldig (o.ä.)."
Das Spiel kann einmal oder mehrfach hintereinander durchgeführt werden. Die Kinder merken sich die Stärken (Eigenschaften und Tätigkeiten), die sie selbst aufgezählt haben. Im Anschluss an das Spiel erhalten die Kinder das Arbeitsblatt „Hitliste meiner Stärken" auf dem sie sechs ihrer größten Stärken notieren. Die genannten Stärken werden dabei um weitere Beispiele ergänzt. Darüber hinaus beschäftigen sich die Schüler*innen damit, wann eine Stärke in ihrer Vergangenheit bereits eine Rolle gespielt hat und wofür diese Stärke in der Zukunft einmal nützlich sein könnte.
Auf dem AB „Fragen zu deinen Stärken" beschäftigen sich die Kinder weiterführend mit ihren Stärken.
Alternativ können die Kinder eine Stärken-Karte anlegen und sich dann mit den Arbeitsblättern beschäftigen. Dazu erhalten die Kinder ein schwarzes Stück Tonpapier in der Größe einer Postkarte. Dort können sie mit verschiedenen Buntstiften ihre Stärken eintragen. Durch den dunklen Hintergrund leuchten ihnen die Stärken entgegen.

Das sind meine Stärken:
Ich bin lustig.
Ich kann gut lesen.
Ich kann Comics zeichnen.
Ich bin ehrlich.

Ergänzendes Angebot: Als Ergänzung können Sie das AB „Mein Erfolgstagebuch" nutzen. Das Erfolgstagebuch leitet die Kinder an, für eine Woche täglich eine Aktivität, die ihnen gut gelungen ist, zu notieren. Die positive Bilanz stärkt das Selbstbewusstsein der Kinder und zeigt ihnen indirekt weitere Stärken auf. Als weitere Ergänzung, können Sie mit den Kindern besprechen, dass auch wenn man viele Stärken hat, es auch gut ist, um Hilfe zu bitten. Das AB „Warum um Hilfe zu bitten, eine Superkraft ist" verdeutlicht diesen Aspekt nochmal.

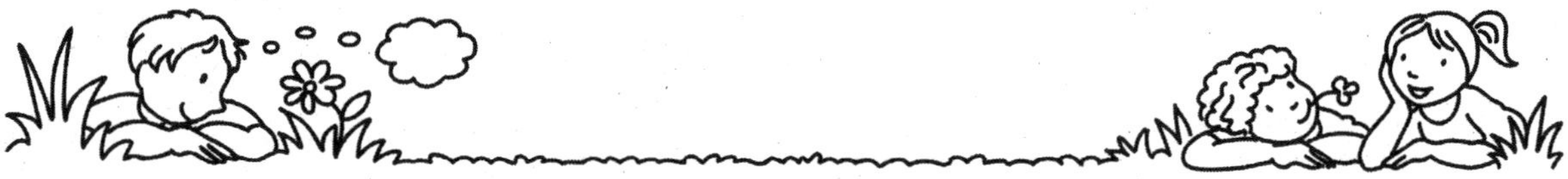

Hitliste meiner Stärken

1. Welche Eigenschaften zählst du zu deinen Stärken? In welchen Tätigkeiten bist du gut? Schreibe auf.

Die Hitliste meiner Stärken:

1. ______________________________
2. ______________________________
3. ______________________________
4. ______________________________
5. ______________________________

2. Wähle eine der obigen Stärken aus. Beantworte die folgenden Fragen dazu:

Es geht um die Stärke: ____________

In welcher Situation war diese Stärke schon einmal hilfreich für dich?

____

____

____

____

____

____

Es geht um die Stärke: ____________

In welcher Situation war diese Stärke schon einmal hilfreich für dich?

____

____

____

____

____

____

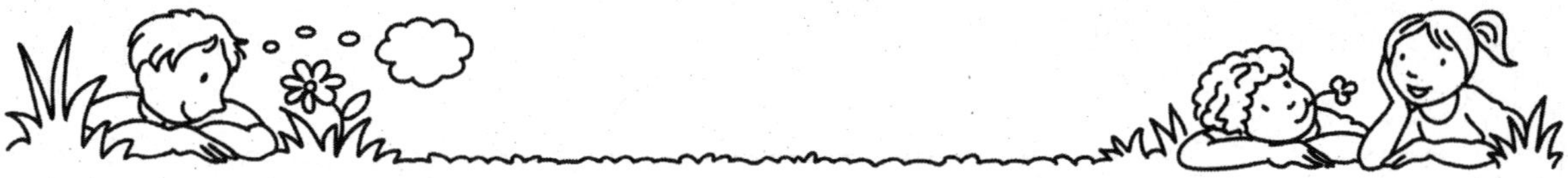

Fragen zu deinen Stärken

1. Finde mehr über deine Stärken (Eigenschaften und Fähigkeiten) heraus. Beantworte dazu die Fragen.

Bei welchen Tätigkeiten vergisst du alles um dich herum?

Welche deiner Eigenschaften schätzen deine Freunde am meisten an dir?

Welche Stärke, die du an anderen Menschen wahrnimmst, hättest du auch gerne?

Für welche deiner Stärken bist du dankbar?

Welche deiner Stärken hilft dir, wenn es mal schwierig ist im Leben?

Mein Erfolgstagebuch

1. Was ist dir an jedem Tag gut gelungen? Schreibe mindestens eine Sache auf, gerne auch mehrere. Vielleicht hast du beim Fußball ein Tor geschossen, etwas Tolles gebastelt, musiziert oder dich etwas getraut, vor dem du dich gefürchtet hast.

Mein Erfolgstagebuch	
Montag	
Dienstag	
Mittwoch	
Donnerstag	
Freitag	
Samstag	
Sonntag	

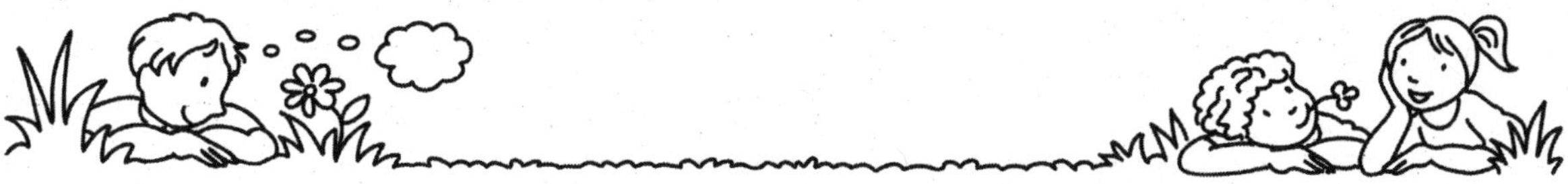

Warum um Hilfe zu bitten, eine Superkraft ist

Jeder Mensch ist ab und zu mal unglücklich und findet von allein keine Lösung. Dann um Hilfe zu bitten, ist keine Schwäche, sondern eher eine Superkraft.
Warum? Weil es Mut erfordert, andere anzusprechen und ihnen zu sagen, dass du ihre Unterstützung brauchst.

1. **Stelle dir vor, du wärst in einer bestimmten Situation überfordert.**
Was für eine Situation könnte das sein? Schreibe sie in Stichpunkten auf.

____

____

2. **Bei wem kannst du dir Hilfe holen?**
Lies die Vorschläge und kreuze an, wen du um Rat fragen würdest.

- [ ] Du kannst deine Eltern um Hilfe bitten. Sie sind für dich verantwortlich und ganz sicher um dein Wohlergehen besorgt.
- [ ] Deine Verwandten unterstützen dich bestimmt auch. Hast du ein Geschwisterkind, das dir gern zuhört? Vielleicht sind auch Oma, Opa, Tante oder Onkel für dich da. Sprich sie an.
- [ ] Auch deine Freunde kannst du um Rat fragen. Wer von ihnen könnte dich am besten unterstützen?
- [ ] Deine Lehrkräfte sind nicht nur dazu da, dich zu unterrichten. Ganz sicher haben sie ein offenes Ohr für dich.
- [ ] Die „Nummer gegen Kummer“: Hier kannst du mit einer fremden Person sprechen. Unter der Nummer 116111 nehmen ausgebildete Berater deinen Anruf entgegen. Die Leute hören dir einfach zu und finden gemeinsam mit dir heraus, was jetzt am besten zu tun ist. Sie sind immer von Montag bis Samstag zwischen 14 und 20 Uhr erreichbar.

3. **Wer kann helfen?**
Schreib die Namen der Personen auf die Linien.

- Ich habe meinen Schlüssel vergessen und niemand ist zuhause.
  Um Hilfe bitte ich ______________________________.
- Meine Versetzung ist gefährdet und ich habe Angst, das Thema anzusprechen. Am besten wende ich mich an ____________________.

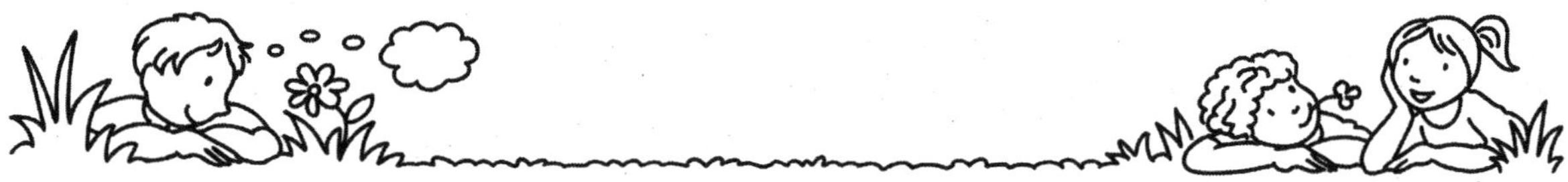

Achtsamkeit – Stundenhinweise

Idee der Einheit: Mehr Achtsamkeit sich selbst und der Natur gegenüber kann das eigene Wohlbefinden stark steigern. In dieser Sequenz stehen vier Angebote zur Verfügung. Sie als Lehrkraft können entscheiden, welches oder welche Sie für Ihre Schüler*innen für am besten geeignet halten. Es handelt sich um einen Spaziergang, ein Essen, eine Pflanzaktion sowie eine Fantasiereise als ergänzendes Angebot.

Mögliche Durchführung: Da es um Achtsamkeit geht, sollte jedes Kind die Möglichkeit erhalten, sich auf sich selbst konzentrieren zu können. Am besten besprechen Sie vorher mit den Kindern, was das jeweilige Angebot ausmacht, und stellen den Kindern dann Zeit zur Umsetzung zur Verfügung. Sollte ein Angebot nicht in der Schule realisierbar sein, können Sie die Kinder bitten, das Angebot zuhause durchzuführen.

Hinweise zu den Angeboten
Angebot 1: Achtsamer Spaziergang Gehen Sie mit Ihrer Klasse auf den Schulhof, um dieses Angebot umzusetzen. Die Kinder müssen vorher wissen, dass sie während dieser Zeit nicht sprechen sollen, sondern jeder für sich bleiben soll.
Angebot 2: Achtsames Essen Die Kinder haben hier die Möglichkeit, ihre Frühstückszeit für ein achtsames Essen zu nutzen. Verabredet werden sollte im Vorfeld, dass für diese Zeit Stille herrschen sollte. Dafür benötigen die Kinder ihr mitgebrachtes Frühstück.
Angebot 3: Buddel mal in der Erde! Führen Sie dieses Angebot (wenn möglich) im Freien durch oder legen Sie den entsprechenden Platz im Klassenraum mit Zeitungen aus. Jedes Kind darf mindestens ein Gefäß mit Samen bestücken. Bringen Sie Samen mit, die schnell keimen, z.B. Kresse, Sonnenblumen, Kapuzinerkresse, Radieschen. Die Aktion sollte möglichst in Ruhe verlaufen, damit die Wahrnehmungsfähigkeit der Schüler*innen entsprechend hoch ist. Material: Pflanzgefäße (Blumentöpfe oder Joghurtbecher), Unterteller, Blumenerde, Samen verschiedener Pflanzen, Gießkanne.
Ergänzendes Angebot: Fantasiereise Für dieses Angebot, das nicht alle Schüler*innen gleichzeitig in Anspruch nehmen können, legen Sie im Klassenraum einen Platz fest (z.B. Leseecke). Dort sollten ein Abspielgerät und Kopfhörer stehen, auf dem eine Fantasiereise abgespielt werden kann (CD, online).

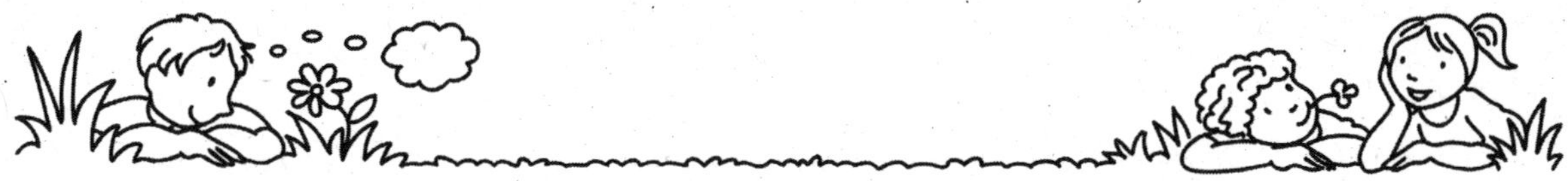

Achtsamkeitsübungen Erklärungskarten (1)

Achtsamkeitsspaziergang

Mache einen kleinen Spaziergang und gehe über das Schulgelände. Bewege dich langsam und nimm jeden deiner Schritte wahr. Spüre, wie du dich bewegst, wie du deine Füße aufsetzt und abrollst. Achte auf Folgendes:

- Wie fühlen sich deine Füße an, wenn du deinen Weg entlanggehst?
- Fühlt sich der Untergrund immer gleich an?

Lass deinen Blick in die Umgebung schweifen. Achte auf Folgendes: Was siehst du?

- Was gefällt dir besonders gut, Pflanzen, Tiere oder etwas anderes?
- Siehst du Vögel? Wie verhalten sie sich, wenn sie dich sehen?

Benenne in Gedanken, was du siehst, z. B. „Baum“, „Pfütze“ usw. Beende deinen Spaziergang und kehre zurück.

Achtsames Essen

Richte deinen Platz schön her, bevor du frühstückst. Lege alles, was stören könnte, beiseite oder packe es in deine Schultasche.

Hole dein Frühstück heraus. Achte auf Folgendes:
Betrachte es zunächst. Wie sieht es aus? Macht es dir Appetit?
Rieche daran. Magst du den Geruch?

Sprich für die Zeit des Essens nicht.
Beginne langsam und aufmerksam zu essen.
Kaue gründlich und lass dir für jeden Bissen Zeit.
Beschreibe in Gedanken den Geschmack (süß, salzig, kräftig, ...).

Wenn du satt bist, dann lege dein Frühstück beiseite. Du kannst es zu einem anderen Zeitpunkt aufessen.

Achtsamkeitsübungen Erklärungskarten (2)

Buddel mal in der Erde!

Wusstest du, dass sich Menschen, die häufiger im Garten arbeiten, glücklicher fühlen? Heute kannst du das Gärtnern einmal selbst ausprobieren.

So geht es:

- Nimm dir ein Pflanzgefäß und fülle etwas Erde hinein.
- Welche Pflanzen sollen in deinem Gefäß wachsen? Suche dir Samen aus. Gib je nach Größe der späteren Pflanze verschieden viele Samen in das Gefäß hinein. Für Kresse brauchst du z.B. viele kleine Samen, für eine Sonnenblume nur einen oder zwei.
- Bedecke die Samen mit Erde und bewässere sie.
- Nun heißt es abwarten und das Saatgut über die nächsten Tage feucht halten. Und bald kannst du dich freuen über das, was wächst.

Fantasiereise

Hast du schon einmal eine Fantasiereise gemacht?
Du kannst es jetzt ausprobieren.

So geht es:

- Setze dich an den vorbereiteten Platz.
- Atme ein, atme aus. Lass deine Gedanken zur Ruhe kommen. Tauchen störende Gedanken auf, lass sie einfach weiterziehen wie Reisende.
- Ziehe die Kopfhörer auf.
- Stelle die Fantasiereise an und höre zu.
  Konzentriere dich auf das, was du hörst und folge in Gedanken.
  Wenn du magst, schließe für diese Zeit die Augen.

Achtsamer Spaziergang

1. Beantworte die Fragen.

Wie fühlte sich der Untergrund an, über den du gelaufen bist?

Was hast du alles gesehen?

Was hat dir besonders gut gefallen (eine Pflanze, ein Tier oder etwas anderes)?

Wie hast du dich auf deinem Spaziergang gefühlt?

Male etwas, was du besonders schön fandest.

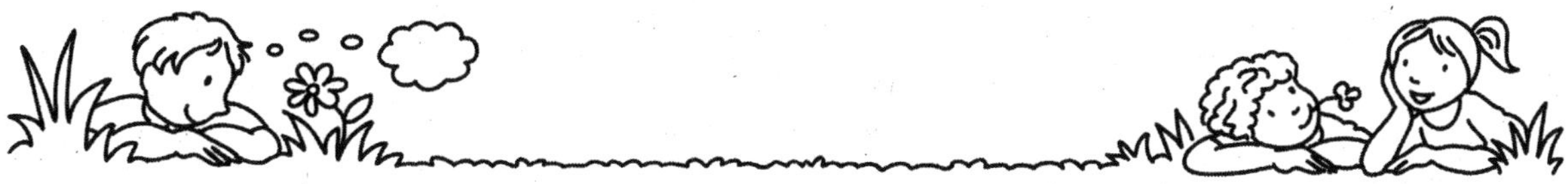

Achtsames Essen

1. Erinnere dich an dein Essenserlebnis und fülle aus.
Male auf, wie du deinen Platz hergerichtet hast.

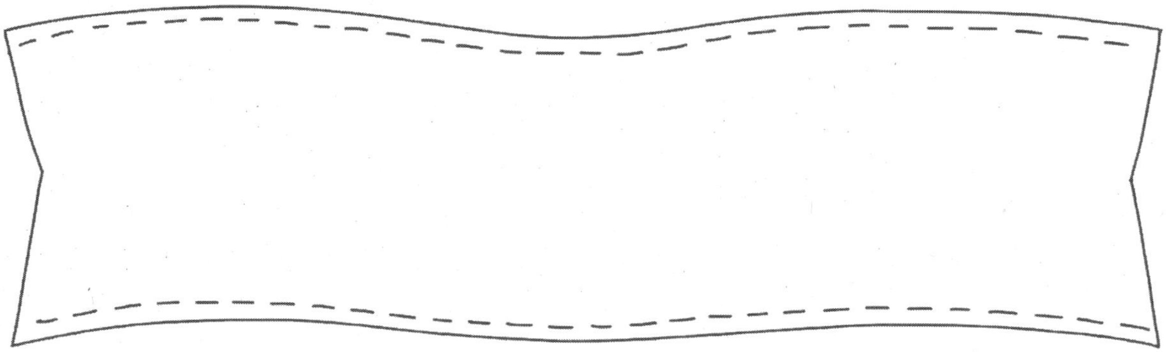

Welche Geruchs- und Geschmacksrichtungen konntest du feststellen?
Kreuze an und ergänze.

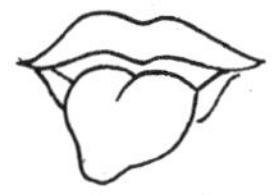

☐ frisch ☐ süßlich ☐ fruchtig ☐ aromatisch ☐ würzig

eigene Wahrnehmung: ______________________________

Wie fandest du es, während des Essens nicht zu sprechen? Kreuze an und ergänze.

☐ Mir hat es gut gefallen, denn ______________________________

____

____

☐ Ich fand es ______________________________

____

____

Was für ein Frühstück hättest du gerne jeden Tag dabei? Male ein Essen und ein Getränk auf, das gesund ist, dir schmeckt und dich zufrieden macht.

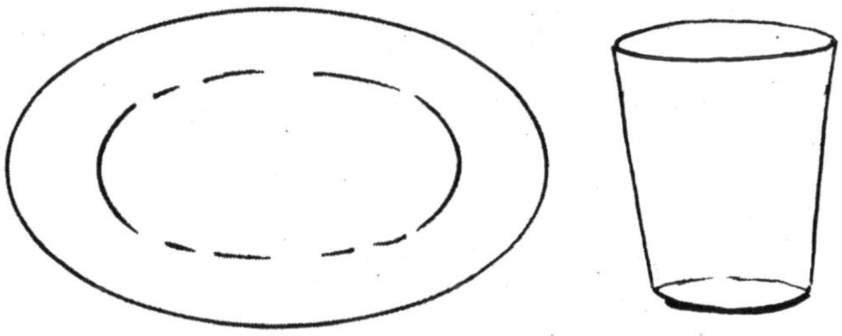

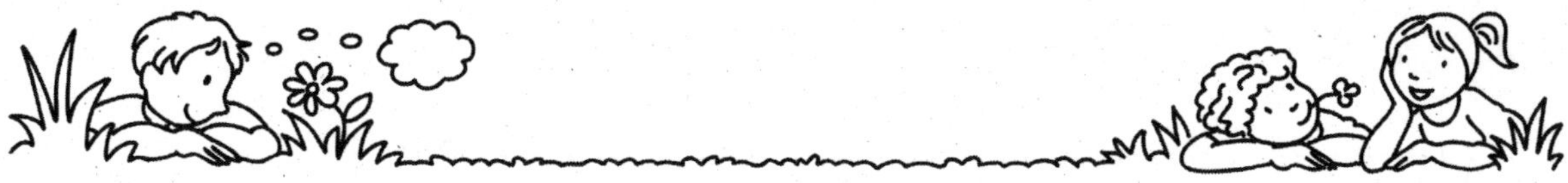

Buddel mal in der Erde!

1. Male, wie dein Pflanzgefäß mit den Samen ausgesehen hat.

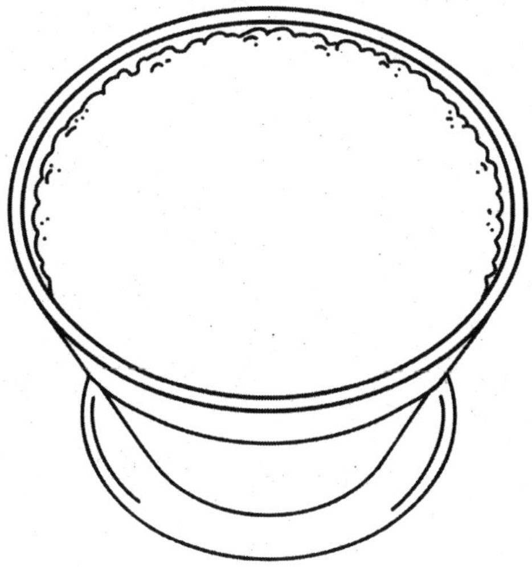

2. Wie hast du dich beim Gärtnern gefühlt?

____

____

____

Wissenswert: In der Erde befinden sich viele Bakterien. Das Mycobakterium Vaccae ist häufig in der Erde zu finden. Arbeiten Menschen im Garten, nehmen sie das Bakterium durch die Atmung oder durch die Haut auf. Es bewirkt, dass Menschen sich glücklicher fühlen und das schon nach kurzer Zeit.

3. Zeichne hier in den nächsten Tagen auf, was aus deinen Samen wird.

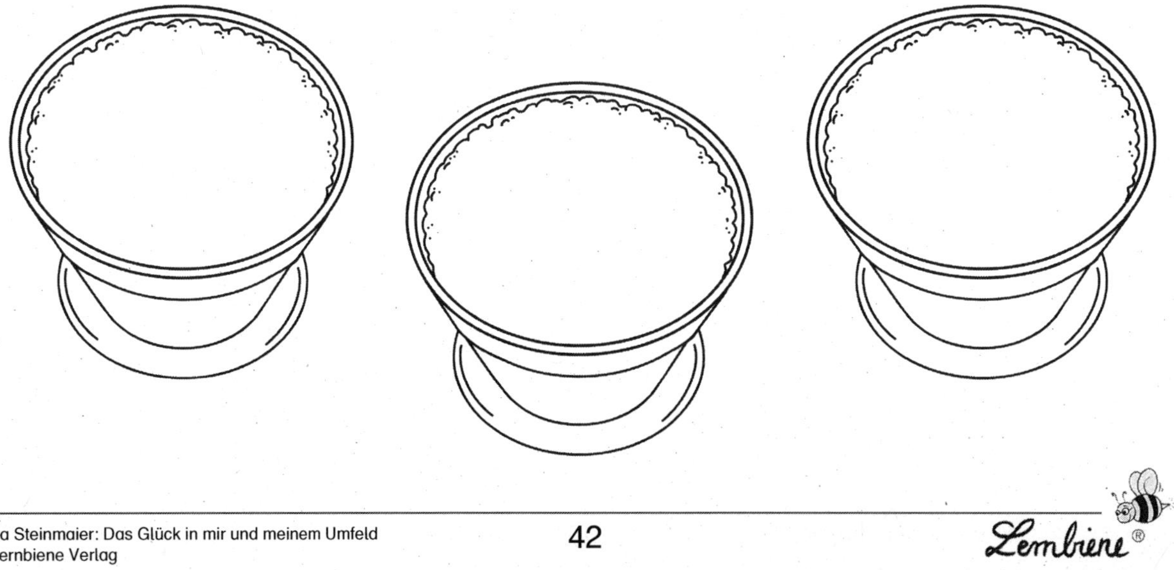

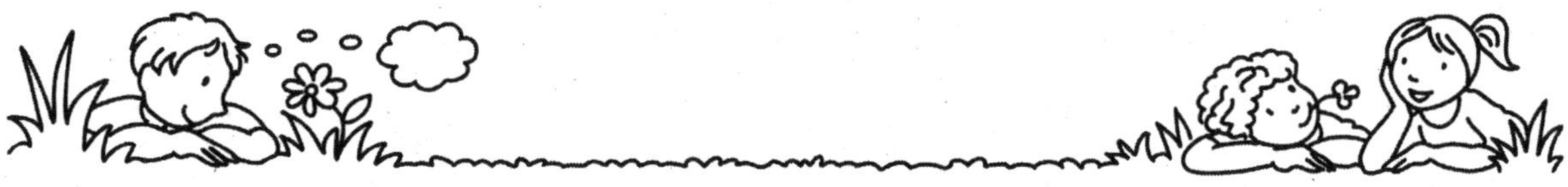

Fantasiereise

1. Male ein Bild über das, was du während deiner Fantasiereise gesehen hast.

Gefühle und Stimmungen – Stundenhinweise

Idee der Einheit: Über Gefühle zu sprechen, sie zu identifizieren und die eigene Stimmung wahrzunehmen, ist wichtig, um einen guten Zugang zu sich selbst zu haben und somit die Voraussetzung für das eigene Glück. Die Schüler*innen setzen sich spielerisch mit der Bandbreite an Gefühlen und Stimmungen auseinander und lernen diese so genauer kennen.

Mögliche Durchführung: Das Spiel „So viele Gefühle" ist eine Möglichkeit, das Thema Gefühle und Stimmungen anzugehen. Dazu sitzen alle im Sitzkreis. Es gibt Kärtchen mit Fragen, auf dem AB „Fragenkärtchen". Ein Kind zieht eine Frage, wählt ein anders Kind aus und liest dann die Frage vor. Diese wird von dem ausgewählten Kind beantwortet. Es wählt dann seinerseits ein nächstes Kind aus und stellt diesem eine neue Frage. So geht das Spiel voran, bis alle Fragen gestellt wurden oder alle Kinder einmal an der Reihe waren. An die vorausgegangene Übung kann sich eine kleine Massageübung anschließen, die den Kindern Spaß macht, sie entspannt und schwere Gefühle vertreibt. Die Kinder finden sich paarweise zusammen. Ein Kind ist der Bäcker, das andere liegt als Hefeteig bäuchlings auf einer Unterlage und darf entspannen.
Die Massage geht so vonstatten:

- Teig kneten: Der Rücken wird vorsichtig massiert bzw. geknetet.
- Teig ausrollen: Vorsichtiges Streichen des Rückens mit der ganzen Handfläche.
- Pudding auf den Teig geben: Die Hand wird wie ein Löffel über den Körper gezogen.
- Obststücke auf den Teig geben: Verschiedene Stellen des Rückens werden abwechselnd berührt.
- Mandeln auf den Teig streuen: Mit allen Fingern sanft auf den Rücken tippen.
- Kuchen backen: Hände auf den Rücken legen, bis ein Wärmegefühl entsteht. Stelle mehrfach wechseln.
- fertigen Kuchen anschneiden: Luftige, das Schneiden nachahmende, zarte Bewegungen auf dem Rücken.

Ergänzendes Angebot: Anschließend kann eine Übung zum Klassenklima gemacht werden. Sie sagen: „Wir alle bekommen manchmal Rückmeldungen von anderen, wie sie uns sehen. Manche Rückmeldungen tun uns weh. Man hat herausgefunden, dass wir uns negative Rückmeldungen besser merken als positive. Daher wollen wir heute mal für eine Art „warme Dusche" sorgen. Dafür bilden wir einen Sitzkreis und ein Kind rückt mehr in die Mitte. Für dieses Kind formuliert jede*r von uns eine positive und ehrlich gemeinte Rückmeldung." Im Anschluss wird darüber gesprochen, wie sich die Kinder dabei gefühlt haben. Dabei soll versucht werden, die Gefühle durch Adjektive auszudrücken, und zwar präziser als „gut". Die Kinder füllen als Abschluss das AB „Warme Dusche" aus und halten darin die positiven Rückmeldungen der Mitschüler*innen fest.

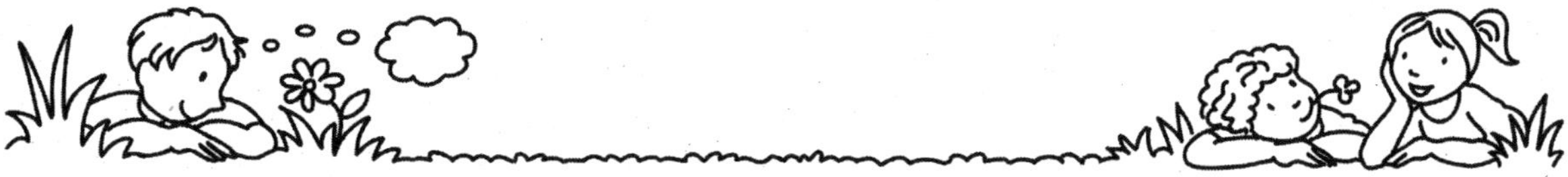

Fragenkärtchen

Wie siehst du aus, wenn du fröhlich bist?	Wann warst du das letzte Mal traurig und warum?
Wovon bist du manchmal genervt?	Wie reagierst du, wenn dich jemand anlügt?
Beschreibe in drei Worten, wie du dich fühlst, wenn du Geburtstag hast?	Was hilft dir, dich wieder besser zu fühlen, wenn du niedergeschlagen bist?
Wann hattest du das letzte Mal Angst und warum?	Was lässt dich vor Freude so richtig ausflippen?
Wann warst du das letzte Mal gestresst und was war der Grund?	Wann bist du schon einmal errötet und aus welchem Grund?
Wie siehst du aus, wenn du dich vor etwas ekelst?	Welche drei Gefühle tauchen bei dir auf, wenn du an die Ferien denkst?
Was bringt dich so richtig zum Kochen vor Wut?	In welcher Situation wärst du gern freundlicher zu anderen?
Hast du schon einmal gelogen und warum?	In welcher Situation wärst du gern freundlicher zu dir selbst?
Was lässt dich nach einer Niederlage wieder zuversichtlich sein?	In welcher Situation hast du dich schon einmal schüchtern gefühlt?
Was kann dich so richtig neugierig machen?	Was hilft dir, etwas zu tun, auch wenn du dich zunächst davor fürchtest?
Wie hast du schon einmal jemanden getröstet, der traurig war?	Wie siehst du aus, wenn du erschrocken bist?
Wann warst du schon einmal neidisch und auf wen?	Wie kannst du dich am besten entspannen?
Wenn du dich mal aufregst – was hilft dir, wieder runterzukommen?	Welche drei Gefühle tauchen bei dir auf, wenn du an die Schule denkst?
Wie fühlst du dich, wenn du mit Freunden etwas unternimmst?	In welcher Situation warst du schon einmal sehr albern und aufgekratzt?

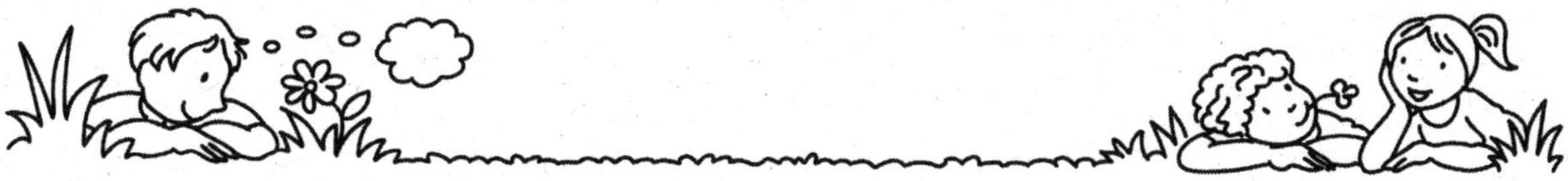

Warme Dusche

1. Wie sehen dich die anderen Kinder? Erinnere dich, was sie zu dir gesagt haben. Schreibe ihre Rückmeldungen in die Tropfen.

Bewegung für mehr Glück – Stundenhinweise

Idee der Einheit: Die Hirnforschung weiß schon lange, dass sowohl die körperliche Betätigung als auch die Körperhaltung Auswirkungen auf unsere Stimmung haben. Für Kinder ist es besonders in krisenhaften Zeiten wichtig, sich sicher und verbunden zu fühlen. Durch die folgende Fantasiereise werden diverse Stärken (etwa Sicherheit, Genuss und Lebensfreude) mithilfe des Körpers erfahrbar umgesetzt. Unser Gehirn reagiert darauf mit der Ausschüttung von Botenstoffen, die beruhigend und unterstützend wirken.
Die Kinder lernen, wie sie durch bestimmte Körperübungen selbst zu positiven Gefühlen und Entspannung beitragen können.

Mögliche Durchführung: Die Kinder verteilen sich gleichmäßig im Raum. Machen Sie entsprechende Lesepausen, damit die Kinder die Bewegungen ausführlich ausüben können. Lesen Sie die Fantasiereise „Die Zauberbäume" langsam vor:
Stelle dich hüftbreit hin. Wenn du magst, schließe deine Augen. Stelle dir vor, du bist ein Zauberbaum. Verankere dich zunächst mit dem Boden. Fühle, wie Wurzeln aus deinen Füßen wachsen und sich durch den kühlen Boden ausbreiten, bis du ganz sicher und fest stehst. Der kühle Boden fühlt sich trotz des warmen Wetters ein wenig feucht an und erfrischt dich. Ein kleines Insekt kitzelt dich an einer der Wurzeln und du beginnst zu lächeln. Ein sanfter Wind kommt auf und streicht um deinen Stamm und durch deine Blätter. Du bekommst Lust, dich ein wenig zu bewegen. Da du ein Zauberbaum bist, geht das problemlos. Während deine Füße fest verankert sind, wiegt sich dein Stamm hin und her, als hätte er Hüften. Er beginnt langsam, in eine Richtung zu kreisen und du genießt die Bewegung. Dann streicht der Wind von der anderen Seite um deinen Stamm herum und du kreist in die andere Richtung. Hach, das fühlt sich gut an! Einerseits bist du fest verbunden, andererseits sehr beweglich.

Du lädst die Bäume in deiner Nähe zu einer wortlosen Unterhaltung ein. Dafür raschelst du mit den Blättern deiner Krone, indem du deine Arme langsam nach oben bewegst und sie durch die Luft schwenkst. Die anderen Bäume erfreuen sich an deinem Anblick und bewegen sich genauso. Ihr bildet einen kleinen Wald der Freude.

Davon angelockt, kommen einige kleine Vögel und zwitschern leise auf deinen Ästen und Zweigen. Du zwitscherst leise mit und spürst, wie dich der Singsang erfreut.

Langsam wird aus dir wieder ein Mensch. Deine Baumwurzeln werden kürzer und kürzer, bis du sie nicht mehr spürst, aber in deiner Vorstellung sind sie dennoch da. Denn auch als Mensch tut es dir gut, verwurzelt zu sein. Du öffnest in deinem Tempo die Augen und reckst dich, bis du wieder ganz du selbst bist.

Ergänzendes Angebot: Als Ergänzung können Sie die Arbeitsblätter „Bewegungsübungen für mehr Glück" und „Tobi und das Glück des Teigknetens" nutzen, um mit den Kindern den Aspekt der Bewegung als Entspannung zu vertiefen.

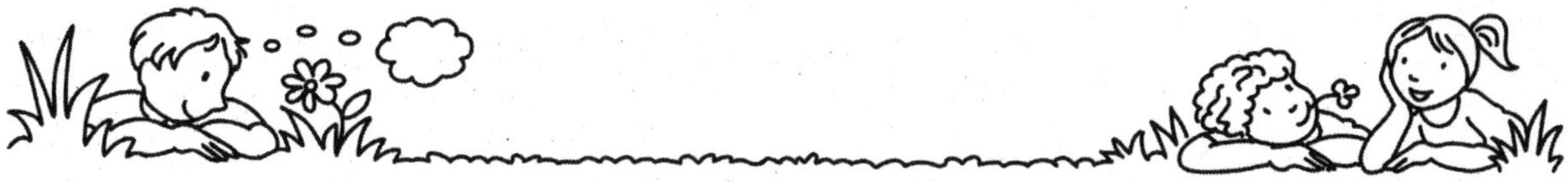

Bewegungsübungen für mehr Glück

Kennst du das? Manchmal fühlst du dich nicht gut. Du denkst vielleicht, dass du nichts daran ändern kannst. Aber das stimmt nicht. Hier sind einige Tipps, wie du mit einfachen Körperübungen deine Stimmung so verbessern kannst, dass du dich anschließend gut fühlst.

Tipp 1: Schnaube wie ein Pferd

Verspüren Pferde Anspannung, schnauben sie, um diese Spannung aus ihrem Körper zu lassen. Man nennt das auch „abschnauben“. Ein Pferd lässt dazu die Lippen und den Kiefer locker und stößt dann die Luft aus. Probiere das doch auch mal aus, auch wenn du dir vielleicht etwas komisch vorkommst. Du machst alles richtig, wenn es sich ungefähr so anhört: „Bbbbrrrrrrrr…“
Machst du diese Übung bei Anspannung oder schlechter Laune immer mal wieder, wirst du dich bald ausgeglichener fühlen.

Tipp 2: Schüttele dich wie ein Hund

Auch Hunde haben eine Taktik, wie sie Spannung loswerden: Sie schütteln sie einfach ab. Hast du das schon einmal bei einem Hund beobachtet, wie er dasteht und sich plötzlich schüttelt, als wollte er Regentropfen aus seinem Fell loswerden?
Teste es mal: Stehe und beginne dich zu schütteln. Schlenkere mit den Armen und bewege den Oberkörper. Auch bei dieser Übung gilt: Wenn du sie regelmäßig machst, wirst du dich im Anschluss entspannter fühlen.

Welchen Tipp kannst du anderen geben, um Anspannung loszuwerden und wieder mehr Raum für Entspannung zu haben? Schreibe deine eigene Idee hier auf:

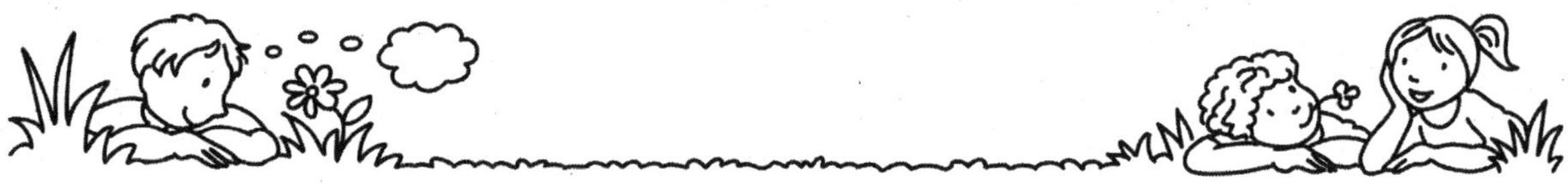

Tobi und das Glück des Teigknetens

Tobi ist heute richtig mies drauf. An diesem Sonntag hat er sich darauf gefreut, Zeit mit Mama zu verbringen. Aber die bekommt morgens einen Anruf, dass sie ganz dringend zur Arbeit muss, um etwas zu erledigen, was nur sie kann. Das passiert manchmal, auch wenn Mama eigentlich frei hat.

Mama bringt Tobi zu ihrer Schwester Janne, Tobis Tante. Tobi folgt Janne in die Küche, hockt sich dort auf die Bank und blickt finster vor sich hin. Der schöne Tag ist ruiniert. Janne wirft ihm einen Blick zu und fragt: „Tobi, hast du schon einmal einen Hefeteig gemacht?"
Tobi schüttelt unwirsch den Kopf. Aber Janne lässt nicht locker. „Komm, Tobi, jetzt wasch dir mal die Hände und dann zeige ich dir, wie das geht. Du wirst sehen, das ist der Knaller gegen schlechte Laune."
Tobi hat zwar keine Lust, aber er gibt sich einen Ruck, reinigt seine Hände und kommt zu Janne an die Küchenzeile. Janne erwärmt etwas Milch auf dem Herd und gibt sie dann mit etwas Zucker und einem Stück Butter in eine Schüssel. Sie reicht Tobi einen Würfel Hefe und deutet ihm, ihn aus der Folie zu befreien. Sie sagt: „Tobi, du hältst, ein wahres Zaubermittel in deinen Händen, einen Hokuspokuswürfel!" Tobi muss wider Willen grinsen. Dass Janne immer so albern sein muss! Janne lässt ihn den Hefewürfel zerbröseln und schnell landet Stückchen für Stückchen in der noch warmen Milch. Janne rührt alles so lange durch, bis die Zutaten eine einheitliche Flüssigkeit bilden. Tobi riecht daran und stellt fest, dass es ihn an Ostern erinnert, wenn Mama Osterbrote backt.
Janne fügt Mehl, eine Prise Salz und etwas geriebene Zitronenschale hinzu und dann verknetet Tobi alle Zutaten miteinander. Hm, das fühlt sich gut an. Irgendwie etwas klebrig, aber auch weich und nachgiebig. Je mehr Tobi knetet, umso besser riecht es. Je länger er den Teig unter seinen Händen spürt, umso wohler fühlt er sich. Tobi möchte gar nicht mehr aufhören. Sein Ärger ist vergessen, stattdessen überlegt er mit Janne während des Knetens, ob aus dem Teig lieber ein Apfelkuchen oder ein Pflaumenkuchen werden soll.
Als der Kuchen später im Ofen backt und die ganze Küche mit seinem Duft erfüllt, meint Tobi zu seiner Tante: „Vielleicht werde ich später ja mal Bäcker. Dann kann ich den ganzen Tag etwas Schönes machen." Janne freut sich mit ihm, dass er wieder gute Laune hat und als der Kuchen fertig ist, essen sie jeder ein großes Stück.

1. Überlege, welche Tätigkeit dich so glücklich macht, dass du dich dabei richtig wohlfühlst.

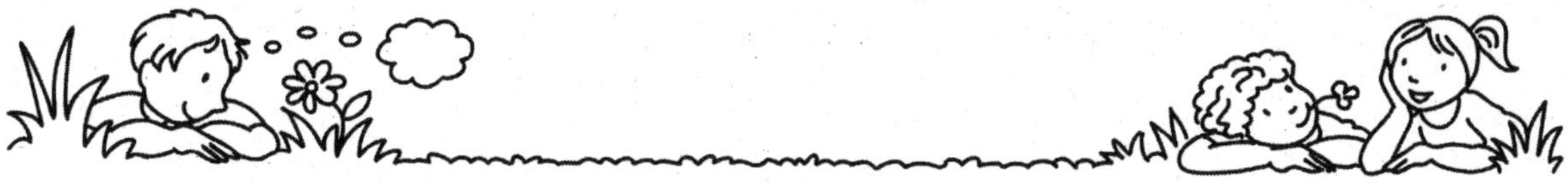

Glück und Dankbarkeit in der Schule – Stundenhinweise (1)

Idee der Einheit: Die Schüler*innen äußern, welche Gedanken ihnen durch den Kopf schießen und welche Gefühle aufkommen, wenn sie an die Schule denken. Es wird der Frage nachgegangen, wie eine Klasse sein muss, damit sich die Kinder in ihr sicher und wohl fühlen. Es soll versucht werden, Regeln zu formulieren, damit sich auch in der Praxis alle wohlfühlen können. Außerdem wird den Kindern mithilfe einer Geschichte verdeutlicht, wie es dazu kommen kann, dass Menschen unterschiedliche Blickwinkel auf Geschehnisse haben können. Um sich auch in der Schule glücklich fühlen zu können, müssen die Schüler*innen diese als sicheren Ort für alle empfinden können.
Diese Sicherheit können die Kinder aktiv mitgestalten. Die übergeordneten Fragen dieser Sequenz lauten daher:

- Wie müsste es in einer Klasse (und damit in der Schule) zugehen, dass sich die Kinder wohl sowie sicher fühlen, und wie kann ein solches Umfeld selbst mitgestaltet werden?
- Welche Verhaltensweisen führen dazu, dass wir uns nicht immer an die vereinbarten Regeln halten?

Mögliche Durchführung: Sie lesen den Kindern zunächst drei kurze Geschichten vor, in denen Kinder beschreiben, wie es ihnen geht, wenn sie vor Unterrichtsbeginn an die Schule denken.

Tom freut sich auf die erste Stunde. Da hat er Englisch und er findet die Sprache richtig cool. In der großen Pause wird er mit seinen Freunden Fußball spielen. Das wird richtig toll. Nur auf Mathe in der vierten Stunde hat er keine Lust. Hoffentlich lacht ihn niemand aus, wenn er beim Kopfrechnen nicht so schnell ist wie die anderen.

Nuria krampft sich beim Gedanken an die Schule der Magen zusammen. Sie mag es nicht, wenn es in der Klasse laut ist. Bis ihre Lehrerin kommt, toben die anderen oft durch den Raum, obwohl das eigentlich nicht erlaubt ist. Nuria fühlt sich in der Schule oft nicht sicher, da so viele Regeln nicht eingehalten werden.

Maxi kann sich schlecht konzentrieren und langweilt sich schnell. Dann bewirft er andere Kinder mit Papierkügelchen oder läuft durch die Klasse. Für sein Verhalten bekommt er oft Ärger und ist darüber traurig. Manchmal hat er keine Lust, in die Schule zu gehen.

Glück und Dankbarkeit in der Schule – Stundenhinweise (2)

Der weitere Verlauf könnte so sein: „Ihr habt die drei Geschichten gehört. Wie fühlt ihr euch beim Gedanken an die Schule? Geht es euch ähnlich oder ganz anders?“ Die Kinder berichten.

Im Anschluss werden die ABs „Was Regeln ausmachen können“ verwendet. Hier überlegen die Kinder, wie es in einer Klasse zugehen müsste, in der sie sich wohlfühlen.
Sie formulieren Regeln, die zu einer Klassenkultur führen, in der es entspannt zugeht.
Auf diese Weise erfahren die Kinder, dass sie selbst dazu beitragen können, dass sich unerwünschte Umstände in angenehme verwandeln lassen.

Ein Zusammenstoß mit Folgen

In dieser Sequenz geht es um die Geschichte AB „Ein Zusammenstoß mit Folgen“, die eine Situation aus unterschiedlichen Blickwinkeln beleuchtet. Ziel ist es, den Kindern zu verdeutlichen, dass die Beweggründe einer Person ihr Verhalten beeinflussen. Auch in welchem Verhältnis jemand zu einem anderen steht, bestimmt seine Gedanken und Taten. Lassen Sie die Geschichte zunächst mit verteilten Rollen vorlesen. Verteilen Sie dazu die benötigten Exemplare an einzelne Kinder. Die übrigen Schüler*innen hören während des Vorlesens zu.
Nach dem Lesen können sich die Kinder zu der Geschichte äußern. Folgende Impulse können hilfreich sein:

- Was verleitet die einzelnen Kinder dazu, sich teilweise unfreundlich zu verhalten? (z.B. die Freundschaft zu einer Person verändert den sachlichen Blickwinkel, die Überforderung schafft gereiztes Verhalten)
- Wie hätten die Reaktionen der einzelnen Kinder freundlicher aussehen können? Welche Vorschläge habt ihr?
- Ein Kind erzählt die Geschichte sachlich. Welches Kind ist es? (Es ist Tara. Sie berichtet neutral.)
- Was hat die Geschichte mit dem Thema „Glück“ zu tun?“ (Wenn wir zu unseren Freunden*innen halten, obwohl sie sich nicht empathisch und fair verhalten, tragen wir nicht zum Glück bei. Manchmal verschlimmern wir eine Situation noch. Das kann auch passieren, wenn wir nicht sehen, dass wir eine andere Person verletzt haben.)

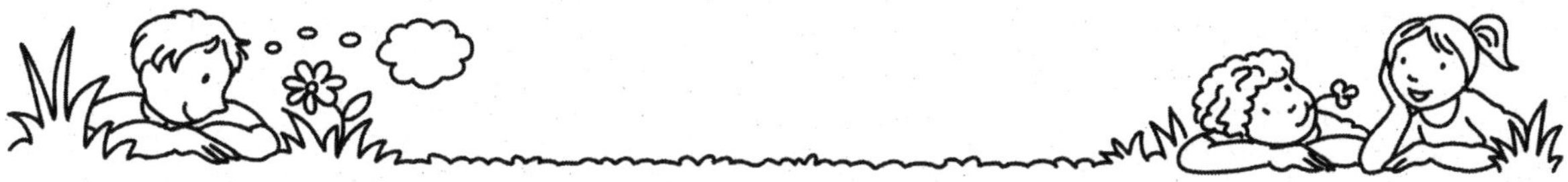

Glück und Dankbarkeit in der Schule – Stundenhinweise (3)

Ergänzendes Angebot: Als Ergänzung können Sie das AB „Entspannung nach einem Schultag“ nutzen, auf dem sich die Kinder damit beschäftigen, wie sie sich nach einem langen Schultag zu Hause wieder erfrischt und glücklich fühlen können.

Für ein besseres Klassenklima können Sie zusätzlich das Projekt starten, mehr Dankbarkeit zu kultivieren. Forschungen zeigen, dass Dankbarkeit unser Gehirn verändert und einen positiven Einfluss auf unsere Gesundheit hat. Indem wir uns damit beschäftigen, uns zu fragen, wofür wir dankbar sein können, werden Serotonin und Dopamin freigesetzt, die auch als die „Glückshormone“ bezeichnet werden. Dankbarkeit zu kultivieren, führt also eindeutig zu mehr Glück. Hier finden Sie verschiedene Anregungen für Dankbarkeitsübungen, die Sie mit Ihren Schüler*innen leicht umsetzen können:

Dankbarkeitsglas in der Klasse

Besorgen Sie ein schönes großes Glas mit einem Deckel. Stellen Sie es an einen Ort im Klassenzimmer, an dem auch kleine bunte Zettel sowie Stifte ausliegen. Alle Kinder erhalten die grundsätzliche Einladung, auf den Zetteln Situationen oder Anlässe aus dem Schulalltag zu notieren, für die sie dankbar sind. Besondere Anlässe können z.B. sein: Eine Unterrichtsaktivität hat besonders viel Freude bereitet, ein Kind hat Unterstützung durch eine andere Person erfahren usw. Die notierten Nachrichten können z.B. kurz vor den Weihnachts- oder Sommerferien dann noch einmal im Kreis der Klasse vorgelesen werden. So werden sie noch einmal ins Gedächtnis gerufen.

Eine Perlenschnur voller Glück

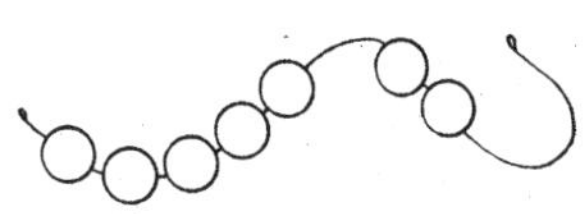

In der Klasse liegt eine lange Schnur bereit, die zu einem späteren Zeitraum aufgehängt werden soll. Weiterhin stehen Perlen zum Auffädeln bereit. Hat ein Kind in der Schule etwas erlebt, wofür es dankbar ist, fädelt es eine Perle auf die Schnur auf. Enthält die Schnur irgendwann viele Perlen, wird sie als sichtbares Zeichen für Dankbarkeit im Klassenraum aufgehängt.

Steinchen in der Hosentasche

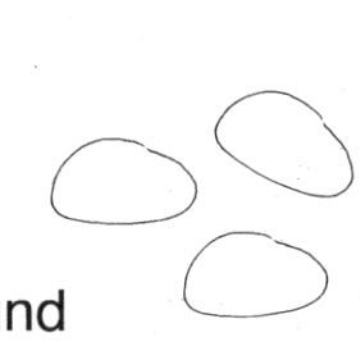

Am Morgen füllt sich jedes Kind einige Steinchen in die linke Hosentasche. Passiert etwas, wofür das Kind dankbar ist, nimmt es eines dieser Steinchen und lässt es in die rechte Hosentasche wandern. Am Ende des Schultages vergegenwärtigt sich das Kind, was ihm alles an positiven Situationen widerfahren ist.

Was Regeln ausmachen können (1)

1. Lies die beiden Szenarien. Zeichne auf den beiden Thermometern ein, wie du die Stimmungen in den beiden Klassen wahrnimmst.

Zwei Klassen, zwei Stimmungen

Die Kinder der Klassen 4 kommen morgens in ihren Klassenraum.
Es ist kurz vor acht. Gleich geht der Unterricht los.

So ist es in der 4a: Viele Kinder sind laut und reden durcheinander. Einige machen ein Fangspiel und rempeln andere Kinder an, die auf ihren Plätzen sitzen. Wer lesen möchte muss sich die Ohren zuhalten. Ein paar Kinder, die malen wollen, werden durch die Unruhe gestört. Durch die Lautstärke reagieren manche Kinder gereizt und es entstehen Auseinandersetzungen. Die Lehrerin kommt hinzu und bekommt schon beim Eintritt in die Klasse einen Ball an den Kopf. Genervt geht sie zu ihrem Pult. Sie muss sehr laut sprechen, damit alle Kinder sie verstehen und der Unterricht beginnen kann.	Anspannung 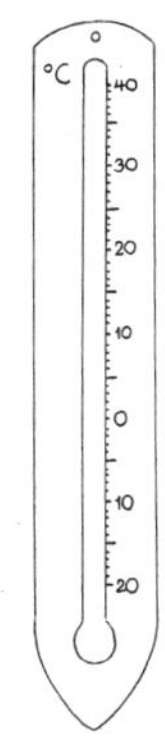 Entspannung
So ist es in der 4b: An die Regel, sich nach Eintritt in die Klasse nur noch leise zu unterhalten, halten sich alle. Vergisst es einmal jemand, braucht es nur eine freundliche Erinnerung. Alle Kinder beschäftigen sich mit etwas: Die einen lesen, die anderen malen oder machen leise ein Spiel. Jeder sitzt dafür an seinem Platz oder auf dem Fußboden im Bereich der Leseecke. Die Lehrerin kommt und geht zu ihrem Platz. Hier kann sie sich in Ruhe einzelnen Kindern widmen, die etwas mit ihr besprechen möchten. Dann kann der gemeinsame Unterricht beginnen.	Anspannung 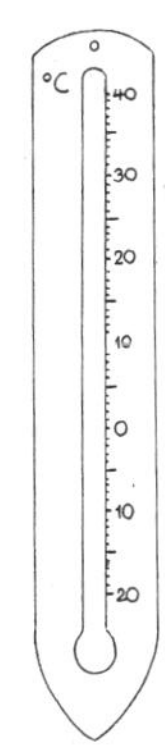 Entspannung

2. In welcher Klasse würdest du dich wohler fühlen?

____

3. Wie muss es in einer Klasse zugehen, damit du dich in ihr wohlfühlst?

____

____

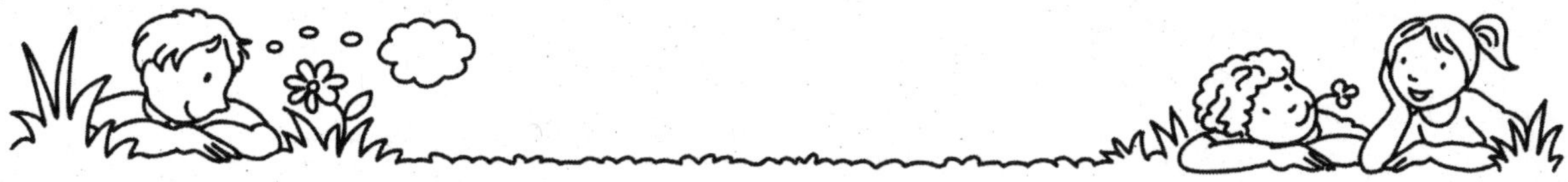

Was Regeln ausmachen können (2)

1. Sammelt in einer Kleingruppe Vorschläge, welche Regeln in eurer Klasse gelten sollen, damit ihr euch wohlfühlt.

Unsere Vorschläge für Klassenregeln

____

____

____

____

____

____

____

____

____

____

____

____

So kann es weitergehen. Hier benötigt ihr die Unterstützung eurer Lehrkraft:

- Tragt eure Ideen in einem gemeinsamen Gespräch der Klasse vor.
- Wenn ihr alle Vorschläge gehört habt, besprecht ihr gemeinsam, welche Regeln die wichtigsten für euch sind.
- Schreibt dann alle Regeln, für die ihr euch gemeinsam entscheidet, auf ein Plakat. Tipp: Ihr könnt eure Regeln so nennen: „Die Goldenen Regeln“.
- Unterschreibt mit euren Namen, dass ihr alle bereit seid, die Regeln einzuhalten.

Ein Zusammenstoß mit Folgen (1)

Anton

Heute hat Anton Geburtstag. Er hat sich so lange auf diesen Tag gefreut. Für seine Klasse hat er selbstgebackene Muffins mitgebracht. Anton betritt das Klassenzimmer und balanciert die Schüssel mit den Muffins vorsichtig zu seinem Platz. Da ruft ihm seine beste Freundin Greta vom anderen Ende des Raumes zu: „Alles Gute zum Geburtstag, Anton!" Anton will gerade antworten, da wird er von Robin angerempelt und fällt zu Boden. Auch Robin fällt hin. Zunächst verdutzt, dann verärgert schnauzt Anton Robin an: „He, pass doch auf. Jetzt sind meine Muffins bestimmt kaputt!" Als Robin nicht begreift, dass Anton sich um seine Muffins sorgt, sondern ihm auch noch entgegnet: „Pass doch selbst auf, du Doofie!", ist Antons gute Laune dahin. Verletzt und enttäuscht setzt er sich auf seinen Platz und öffnet den Deckel der Schüssel. Oh nein, einige Muffins sind tatsächlich kaputtgegangen. Anton kommen die Tränen. So hat er sich seinen Geburtstag nicht vorgestellt.

Robin

Robins Tag geht schon schlecht los. Zuhause hat er Streit mit seinem großen Bruder. Dann hat auch noch Mama mit ihm geschimpft, weil er vergessen hat, dass er heute die Schwimmsachen braucht und Mama deshalb in Zeitdruck kommt. Als er dann in der Schule ankommt, bemerkt er, dass Sascha aus seiner Klasse ihn verschmitzt angrinst. Sascha geht an Robins Platz vorbei und als Robin einen kurzen Moment nicht hinsieht, steckt Sascha Robins Fußball-Radiergummi ein. Dann ruft er Robin aus einiger Entfernung zu: „Robin, guck mal, was ich hier Schönes habe. Hol dir doch deinen Fußball, sonst behalte ich ihn!" Robin beginnt hinter Sascha herzutoben. Gerade als er so richtig mit Schwung zwischen zwei Tischen durchläuft, kommt ihm dieser Anton in die Quere, Mist, sonst hätte er Sascha bestimmt schon längst erreicht. Sie krachen zusammen und beim Hinfallen tut sich Robin am Knie weh. Anton mault ihn dann auch noch an und da reicht es Robin. Er pflaumt zurück. Ohne Anton weiter zu beachten, verfolgt er Sascha wieder, um sich seinen Radiergummi zurückzuholen.

Greta

Greta ist Antons beste Freundin und auch in der Klasse. Gestern war sie den ganzen Nachmittag bis abends bei Anton zuhause. Antons Mutter hatte dann die Idee, Muffins für die Klasse zu backen und so rührten sie gemeinsam den Teig und Anton war schon total aufgeregt. Jeden einzelnen Muffin wollte er

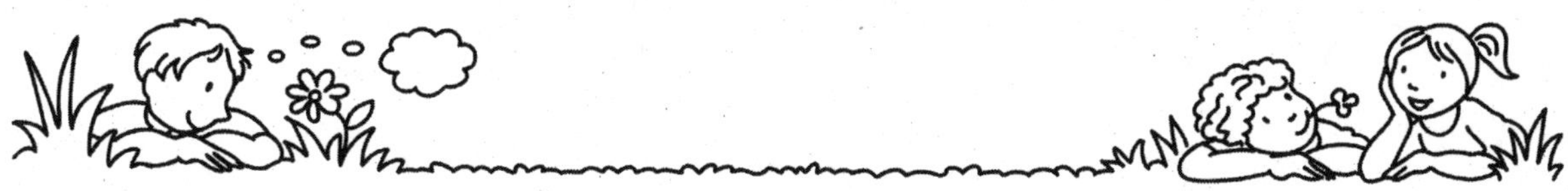

schön verzieren und hat extra dafür Deko aus Schokolade auf die kleinen Kuchen gesetzt. Dann hat er Greta wie ein Wasserfall erzählt, was er sich alles zum Geburtstag wünscht und was er an dem Tag vorhat. Greta hat lachend zu ihm gesagt: „Anton, komm mal wieder runter, sonst platzt du noch vor Vorfreude!"
Als Robin und Anton im Klassenzimmer zu Boden fallen, weiß Greta, wie sehr Anton nun enttäuscht ist. Sie kann Anton genau ansehen, wie seine große Vorfreude mit einem Mal in sich zusammenfällt. Das kann Greta gut nachempfinden und sie wünscht sich, dieser doofe Robin würde nicht immer so einen Mist bauen. Sie ruft wütend durch die Klasse: „Robin! Musste das jetzt wieder sein. Du bist echt unmöglich!" Greta geht zu Anton, um ihn zu trösten.

Sven

Sven ist mit Robin befreundet und ist auch in der Klasse. Die Jungen spielen zusammen Fußball und erzählen sich alles. Daher weiß Sven, dass es bei Robin zuhause nicht so gut läuft. Robins Eltern haben immer wieder Streit und die schlechte Stimmung bedrückt Robin. Neulich hat er sogar Sven selbst angemotzt. Daran hat Sven bemerkt, dass Robin momentan nicht sehr ausgeglichen ist. Als Robin dann heute seinen Radiergummi wiederhaben will und mit Anton zusammenknallt, kommt Sven zu den beiden. Er sieht, dass Robin sich ans Knie fasst und hilft ihm auf. Dann schaut er Anton an und sagt zu ihm: „Du alte Heulsuse. Geh doch zu deiner Greta, du Mädchen!"

Tara

Tara sitzt auf ihrem Platz im Klassenraum, als sie bemerkt, dass Sascha Robins Radiergummi entwendet. Robin springt auf und rennt hinter Sascha her. Dieser schaut sich nicht um, sein Blick ist nur auf Sascha gerichtet. Anton betritt mit einer Schüssel das Klassenzimmer. Da ruft ihm Greta zu: „Alles Gute zum Geburtstag, Anton!" Anton schaut in Gretas Richtung und hat den Weg zu seinem Platz nicht mehr im Blick. Da passiert es. Wie in Zeitlupe sieht Tara immer wieder die Szene vor sich: Robins Körper prallt gegen Antons und durch die Wucht von Robins Geschwindigkeit fallen beide zu Boden. Die Schüssel entgleitet Anton und auch seine Brille kommt ins Wanken. Als beide realisieren, was passiert ist, ist Anton bestürzt vor Angst um seine Muffins und Robin ärgerlich, weil er Sascha nicht den Radiergummi abnehmen konnte. Beide Jungen sind aus unterschiedlichen Gründen aufgebracht und unfreundlich zueinander. Sven kommt zu den beiden Jungen, hilft Robin hoch und ist fies zu Anton. Anton ist dadurch noch verletzter. Greta ruft Robin eine kritisierende Bemerkung zu, die diesen ebenfalls kränkt und geht zu Anton, um ihn zu trösten.

Entspannung nach einem Schultag

Nach einem anstrengenden Schultag willst du dich sicher entspannen. Dafür gibt es viele Möglichkeiten: sich ausruhen, singen, spielen, Musik oder Hörbücher hören, Fahrrad fahren, Sport treiben, sich aufs Sofa legen usw.

Welche entspannende Möglichkeit hast du für dich gefunden? Notiere sie hier:

___

___

Bist du anschließend so richtig entspannt und fühlst dich freudig und zufrieden? Falls nicht – vielleicht gibt es noch andere Sachen, die du mal ausprobieren könntest.

Sammele hier einige Ideen:

___

___

___

___

Nun nummeriere deine Ideen. Die, die dich am meisten anspricht, bekommt die 1, die nächste die 2 usw.

Probiere die, die dich am meisten anspricht, am nächsten Tag aus. Notiere dann, ob sie dir zu mehr Glück und Wohlbefinden verholfen hat.

Das habe ich ausprobiert und so war es:

___

___

___

So gut hat mir die Idee auf einer Skala von 1 (nicht gut) bis 10 (sehr gut) gefallen:

1	2	3	4	5	6	7	8	9	10

Glücklichsein durch Engagement – Stundenhinweise (1)

Idee der Einheit: Die Kinder beschäftigen sich mit der Möglichkeit, auch durch soziales Engagement glücklich zu sein. Die Kinder setzen sich damit auseinander, dass man Glück und Lebenssinn daraus beziehen kann, sich für andere Menschen, Tiere und Pflanzen zu engagieren. Als prominentes Beispiel für ein lebenslanges Engagement lernen die Schüler*innen die Schimpansenforscherin Jane Goodall kennen. Auch weniger prominente Beispiele laden dazu ein, sich mit der Thematik zu beschäftigen und zu überlegen, ob für die Kinder auch ein eigenes Engagement infrage käme.

Mögliche Durchführung: Betrachten Sie mit den Kindern das Bild auf der nächsten Seite mithilfe einer Dokumentenkamera. Das Bild zeigt Menschen, die etwas für andere bzw. für die Umwelt tun und aus diesem Tun Sinnhaftigkeit und Glück ziehen. Lassen Sie die Kinder beschreiben, was sie wahrnehmen. Falls die Kinder es nicht erwähnen, lenken Sie ihr Augenmerk auf die positive Stimmung der Personen. Fragen Sie die Kinder, ob sie diesen Zustand auch von sich selbst kennen und lassen Sie sich Beispiele nennen. Vielleicht ist es den Kindern möglich, den Zusammenhang zwischen der positiven Stimmung und dem Engagement der Personen herzustellen.
Im Anschluss können die Kinder mithilfe der Arbeitsblätter „Glücklichsein durch Engagement" Jane Goodall kennenlernen. Die bekannte Tierforscherin widmet bereits ihr ganzes Leben den Schimpansen. Auf dem AB „Weitere Beispiele für Engagement" beschäftigen sich die Kinder mit weiteren Beispielen von engagierten Menschen und überlegen, ob auch sie sich vorstellen können, sich für etwas stark zu machen.

Ergänzendes Angebot: Als Ergänzung können Sie das AB „Eine schwierige Entscheidung" nutzen, um mit den Kindern den Aspekt des Engagements zu vertiefen.

„Heute Abend koche ich für meine Kinder und mich etwas Schönes. Dann schauen wir uns noch einen Film an."
„Ich bin froh, dass ich so viele Wildkräuter in meinem Garten habe. Jetzt finden die Insekten Nahrung."
„Nachher kaufe ich für Omi ein. Die freut sich darüber."

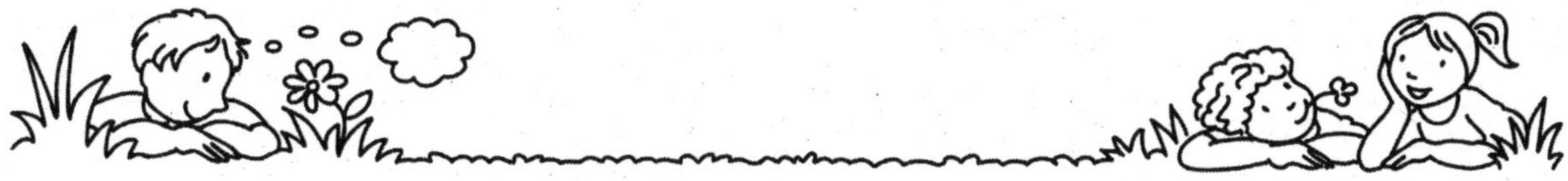

Glücklich sein durch Engagement (1)

Auch, indem man versucht, seine Träume umzusetzen, kann man einen Zustand des Glücks erreichen. Die eigenen Ziele zu verfolgen und etwas in der Welt zu bewegen, fühlt sich gut an. Kennst du auch Menschen, die sich für etwas einsetzen und daraus Kraft beziehen?
Vielleicht hast du schon einmal von Jane Goodall gehört. Die berühmte Forscherin setzt sich Zeit ihres Lebens für die Tiere und die Umwelt ein.

1. Lies den Text über Jane Goodall und male zu jedem Abschnitt ein passendes Bild.

1934 wird Jane Goodall in London (England) geboren. Zu ihrem ersten Geburtstag erhält sie von ihrem Vater ein besonderes Kuscheltier: einen Schimpansen. Jane liebt alle Tiere. Sie träumt davon, Tierforscherin zu werden. Auch wenn das zunächst unrealistisch erscheint, ermutigt ihre Mutter sie dazu, an diesem Traum festzuhalten. Stundenlang beobachtet sie im Garten ihrer Familie die Hühner und in den Parks andere Vögel, Tiere und Insekten.

Obwohl sie eine gute Schülerin ist, macht Jane die Schule nur Spaß, wenn es im Unterricht um Tiere oder ums Schreiben geht. Nach der Schule wird Jane Sekretärin. Eine frühere Schulfreundin, deren Vater eine Farm in Kenia hat, lädt sie nach Afrika ein. Das Geld für die Reise verdient sich Jane, indem sie kellnert.
In Afrika angekommen, lernt Jane den Wissenschaftler Louis Leakey kennen. Er fragt Jane, ob sie ein Forschungsprojekt leiten möchte, bei dem Schimpansen beobachtet werden sollen. Begeistert sagt sie zu.

Glücklich sein durch Engagement (2)

Gemeinsam mit ihrer Mutter geht Jane in den Dschungel und beobachtet viele Jahre lang die Schimpansen. Schon bald findet sie Neues über sie heraus. Damals denkt man, dass sich die Schimpansen vegetarisch ernähren, aber Jane sieht, dass sie auch Fleisch essen. Außerdem benutzen sie Äste als Werkzeuge, auch wenn man das damals nur den Menschen zutraute. Jane ist sehr glücklich, so viel Zeit bei den Schimpansen verbringen zu dürfen und so eine interessante Arbeitsstelle zu haben.

Jane geht an die Universität und schreibt ihre Doktorarbeit über die Schimpansen. Sie reist herum und hält Vorträge. Zusammen mit ihrem ersten Ehemann fertigt Jane Fotos für Berichte in Zeitschriften und Filme fürs Fernsehen an. Um ihre Arbeit weiterhin finanzieren zu können, gründet sie 1977 das Jane Goodall Institut für Forschung, Bildung und Umweltschutz. So steht ihre Arbeit endlich auf finanziell sicheren Beinen. Auch ihr Sohn Hugo kommt in dieser Zeit zur Welt.
Hugo verbringt die ersten Jahre seines Lebens in der afrikanischen Wildnis.

Mit ihren Informationen über Schimpansen will Jane viele Menschen erreichen. Sie beginnt, Vorträge vor Kindern und Jugendlichen zu halten. Seitdem unterstützt das Jane Goodall Institut junge Menschen dabei, die sich für die Umwelt einsetzen möchten. Auch wenn sie selbst viele Schwierigkeiten und schlimme Situationen überwinden musste, glaubt Jane ganz fest, dass jeder Einzelne etwas bewirken kann, egal ob Mensch oder Tier.

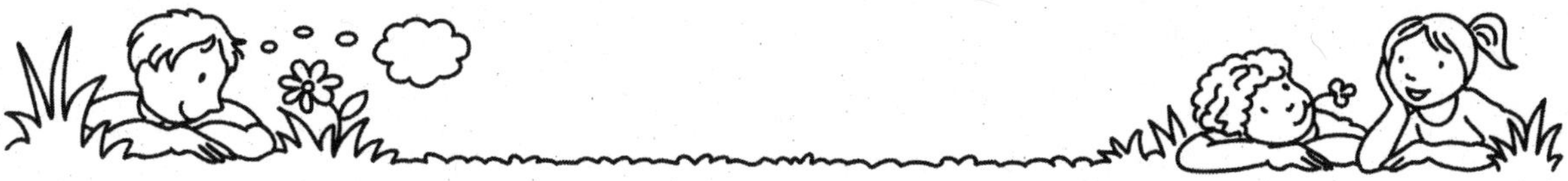

Weitere Beispiele für Engagement

Auch Menschen, die nicht so bekannt sind wie Jane Goodall setzen sich für andere Menschen, für Tiere oder die Umwelt ein.

1. Lies die Beispiele:

Der Rentner Gerhard geht zweimal pro Woche in einen Kindergarten, um den Kindern dort vorzulesen. Die Kinder freuen sich auf ihn und jubeln bei seiner Ankunft: „Hurra, unser Lese-Opa ist da!“ Gerhard hat keine eigenen Enkel und so ist das Vorlesen auch für ihn schön.

Als Kind hat Christina selbst Fußball gespielt. Heute trainiert sie eine Mädchenmannschaft. Einmal in der Woche findet das Training statt und die jungen Spielerinnen sind sehr stolz auf ihre Trainerin.

Zusammen mit ihren Freunden haben Kim und Robin einen Umweltclub gegründet. Unter der Mithilfe ihrer Eltern spannen sie kleine Zäune, damit Kröten während der Paarungszeit nicht von Autos überfahren werden. In Eimern tragen sie die Kröten dann über die Straße und bis zum Gewässer, an welchem sich die Tiere zu dieser Zeit sammeln.

2. Sich für etwas einzusetzen, kann erfüllen und glücklich machen. Kennst du weitere Personen, die sich engagieren? Schreibe hier auf, was du über sie weißt.

3. Hast du selbst einen Traum, den du bereits jetzt oder als erwachsener Mensch gerne verfolgen würdest? Etwas, dass für andere nützlich ist?

Eine schwierige Entscheidung (1)

1. Lest den Text zu zweit. Ihr könnt euch beim Lesen abwechseln.
2. Überlegt dann, wie die Geschichte weitergehen könnte. Ihr könnt eine gemeinsame Idee aufschreiben oder jeder von euch eine eigene.

Eine schwierige Entscheidung

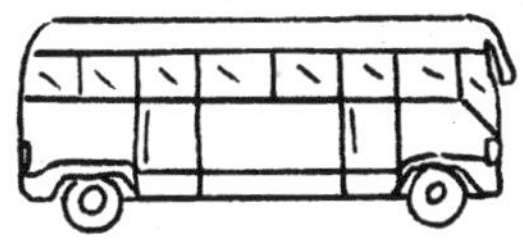

Frau Bertram freut sich schon lange auf diesen Tag. Heute wird sie sich mit ihrer Enkelin in der Stadt treffen, sie ins Kino und später noch zum Essen einladen. Frau Bertram hat dafür gespart, denn ihre Rente ist nicht besonders hoch. Die alte Dame macht sich ausgehfertig, nimmt ihre Handtasche und geht zum Bus, der sie in die Stadt bringen soll. Nach dem Bezahlen des Fahrscheins steckt sie aus Versehen ihr Portemonnaie nicht in die Tasche zurück, sondern daneben. Von Frau Bertram und den übrigen Fahrgästen unbemerkt, fällt die Geldbörse mit Geld und ihren Ausweisen in den Gang des Busses. Dann steigt die Dame ohne ihr Portemonnaie aus.

Kurze Zeit später steigt Tommi in den Bus und stolpert über etwas, das auf dem Boden liegt: Die Geldbörse. Tommi hebt sie auf und schaut hinein. Wow, darin findet er 100 Euro und auch einen Personalausweis. Tommi denkt: „100 Euro - das ist genau die Summe, die ich für zwei angesagte Videospiele brauche. Da könnte ich bei meinen Kumpels ganz schön angeben, dann würden sie mich mehr beachten."

3. Stell dir vor, du wärest an Tommis Stelle – wie würdest du dich verhalten und warum? Schreibe auf.

Eine schwierige Entscheidung (2)

1. Lest nun, wie die Geschichte tatsächlich weitergeht.

Tommis Gedanken gehen hin und her. Wie toll wäre es, wenn er sich von dem Geld die Spiele kaufen könnte. Wie schön wäre es, wenn die anderen aufgeregt auf ihn zukämen, damit er ihnen die neuen Spiele zeigt. Aber wäre das überhaupt okay? Schließlich gehört ihm das Geld nicht. Andererseits hat er vielleicht einfach Glück gehabt, da er die Geldbörse gefunden hat?

Der Junge schaut sich das Bild auf dem Personalausweis an. Er sieht eine alte Dame und Tommi muss an seine Uroma denken, die vor kurzem verstorben ist. Er fragt sich plötzlich, wie seine Uroma es gefunden hätte, wenn er einfach das Geld einer fremden Person behalten hätte. Bestimmt hätte sie eindringlich gesagt: „Tommi, du darfst dein Glück nicht auf dem Unglück anderer Menschen aufbauen!" Da wird Tommi klar, dass es keine gute Idee wäre, das Geld zu behalten.

An der Haltestelle, die neben einer Polizeistation liegt, steigt er aus. Er betritt die Polizeistation und sagt: „Ich habe ein Portemonnaie gefunden und möchte es bei Ihnen abgeben."

2. Wie findet ihr den Schluss? Was gefällt oder gefällt euch nicht daran und weshalb? Kreuzt an und schreibt eine Antwort.

☐ *Mir gefällt der Schluss, denn* ____________________

____

____

☐ *Mir gefällt der Schluss nicht, denn* ____________________

____

____

3. Stellt eure eigenen Schlussideen vor und überlegt mit der ganzen Klasse: Welche eurer Schlussideen fandet ihr gut und welche eher nicht? Warum findet ihr manche besser als andere?

4. Überlegt, was die Geschichte eurer Meinung nach mit dem Thema „Glück" zu tun hat. Besprecht es in der Klasse.